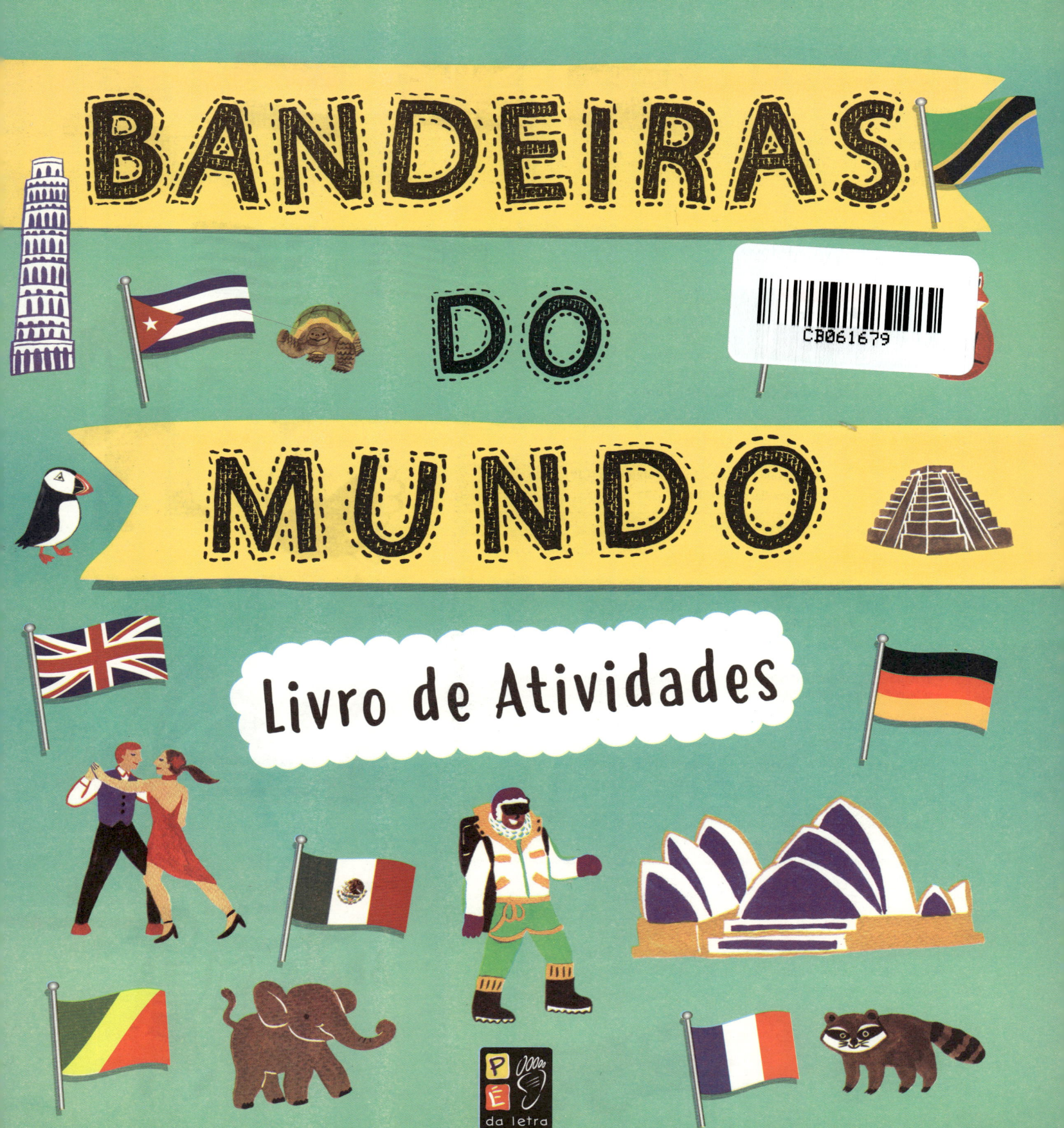

BANDEIRAS DO MUNDO

Livro de Atividades

Flags of the Wordl - Activity Book
Copyright © Arcturus Holdings Limited

Os direitos
desta edição pertencem à
Pé da Letra Editora
Rua Coimbra, 255 - Jd. Colibri
Cotia, SP, Brasil
Tel.(11) 3733-0404
vendas@editorapedaletra.com.br
www.editorapedaletra.com.br

Esse livro foi elaborado e produzido pelo

Tradução e Edição Isabela Carvalho
Ilustrações Hui Skipp, com imagens adicionais do Shutterstock e BigStock
Design e diagramação Adriana Oshiro
Revisão Larissa Bernardi
Coordenação Fabiano Flaminio

☎ (11) 93020-0036

Impresso no Brasil, 2020

Dados Internacionais de Catalogação na Publicação (CIP)
Angélica Ilacqua - CRB-8/7057

Savery, Annabel
  Bandeiras do mundo : livro de atividades / Annabel Savery ; tradução de Isabela Carvalho. -- Brasil : Pé da Letra, 2020.
  96 p. : il., color.

  ISBN: 978-65-86181-41-8

  Título original : Flags of the World Activity Book

  1. Bandeiras - Literatura infantojuvenil 2. Livro de atividades - Literatura infantojuvenil I. Título II. Carvalho, Isabela

20-2128   CDD 929.92

Índices para catálogo sistemático:
1. Literatura infantojuvenil

Todos os direitos reservados. Nenhuma parte desta publicação pode ser reproduzida, armazenada num sistema de recuperação, ou transmitida, de qualquer forma ou por qualquer meio, eletrônico, mecânico fotocopiador, de gravação ou caso contrário, sem autorização prévia por escrito, de acordo com as disposições da Lei 9.610/98. Qualquer pessoa ou pessoas que pratiquem qualquer ato não autorizado em relação a esta publicação podem ser responsáveis por processos criminais e reclamações cíveis por danos. Esta editora empenhou-se em contatar os responsáveis pelos direitos autorais de todas as imagens e de outros materiais utilizados neste livro. Se, porventura, for constatada a omissão involuntária na identificação de algum deles, dispomo-nos a efetuar, futuramente, os possíveis acertos.

SUMÁRIO

O que são bandeiras?	4
Europa	6
América do Norte e América Central	26
Ásia	42
África	58
América do Sul	74
Oceania	82
Respostas	90

O QUE SÃO BANDEIRAS?

Você já viu uma bandeira hasteada, balançando lá no alto do mastro, do lado de fora de um importante edifício ou no topo de um barco? Ou, ainda, uma bandeira hasteada no início de uma competição esportiva?

As bandeiras são projetadas para representar países, lugares, equipes e organizações. Normalmente, são retangulares, mas, também, podem ser quadradas ou triangulares. Possuem desenhos simples e brilhantes para que possam ser reconhecidas de longe. Países da mesma região, geralmente, têm bandeiras semelhantes.

Vermelho, branco e azul são cores muito usadas nas bandeiras dos países da Europa, mas, também, aparecem nas bandeiras de vários outros países do Sudeste Asiático.

Bandeira da Croácia

Bandeira da República Popular Democrática do Laos

Muitas bandeiras são divididas em partes por meio de listras, triângulos ou cruzes.

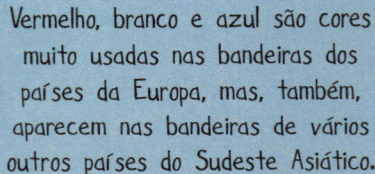

Bandeira da França

Bandeira do Canadá

Um emblema é um desenho ou símbolo que representa um país ou uma organização. A folha de bordo é o emblema da bandeira canadense.

Um brasão de armas é um conjunto de símbolos reunidos em um escudo ou em algum outro desenho. Os brasões apareciam nos escudos dos soldados quando eles iam para a batalha. Hoje em dia, eles representam países, organizações ou famílias.

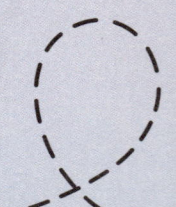

NESTE LIVRO

Este livro mostra as bandeiras de todos os países independentes do mundo. Fique por dentro de todas as curiosidades, pinte as bandeiras, responda às perguntas e teste seus conhecimentos.

Cada capítulo mostra bandeiras dos países de cada continente, como no mapa a seguir:

- Europa
- América do Norte e América Central
- Ásia
- África
- América do Sul
- Oceania

O estudo das bandeiras é chamado de "vexilologia". O nome vem de uma bandeira da cavalaria romana chamada vexillum.

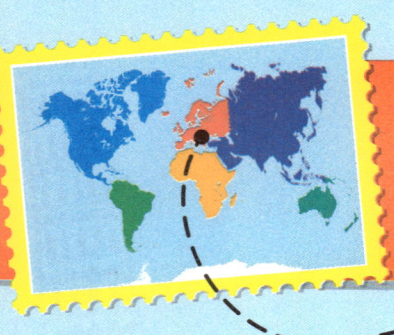

EUROPA

Dinamarca

A Dinamarca tem uma das mais antigas monarquias do mundo e um das mais antigas bandeiras nacionais. Sua bandeira é conhecida como *Dannebrog*, o que significa "tecido dinamarquês".

A Groenlândia é um território da Dinamarca. Usa o vermelho e o branco da bandeira dinamarquesa, mas o desenho dela representa sol e gelo.

Complete a bandeira da Dinamarca.

Suécia

A bandeira sueca é inspirada em um brasão de armas, que mostra um escudo azul com três coroas de ouro. As três coroas representam os "três reis magos" e tem sido utilizada pela Suécia desde o século XIV.

Noruega

A Noruega ganhou sua independência em 1905. Antes, fez parte da Dinamarca e, depois, da Suécia. O design dinamarquês da bandeira foi mantido, mas uma faixa azul foi acrescentada. O design foi influenciado pela bandeira *tricolore* da França e pelas bandeiras dos EUA e do Reino Unido.

Juntas, Suécia, Noruega e Dinamarca são conhecidas como Escandinávia. Os três países possuem em sua bandeira a cruz escandinava.

Islândia

Durante muito tempo, a Islândia foi governada pela Dinamarca. Tornou-se uma república independente em 1944. Na bandeira, o azul representa o oceano; o branco simboliza o gelo e o vermelho simboliza os ardentes vulcões da ilha.

Finlândia

A bandeira finlandesa representa a neve branca, o azul do céu e dos muitos lagos. Esta bandeira é usada desde 1917, quando a Finlândia tornou-se uma nação independente e deixou de fazer parte do Império Russo.

Bélgica

A bandeira da Bélgica foi inspirada no desenho do brasão belga: o preto representa o escudo, o amarelo representa o leão e o vermelho representa a língua e as garras do leão.

Holanda ou Países Baixos

A faixa vermelha na bandeira holandesa era originalmente laranja. Foi alterada para o vermelho no século XVII. O laranja era uma homenagem a Guilherme de Orange, que liderou o movimento por independência do domínio espanhol.

Experimente desenhar a sua própria Union Jack!

Irlanda

A atual bandeira da República da Irlanda foi usada, pela primeira vez, em 1848 pelo movimento de independência para a Irlanda. Tornou-se a bandeira nacional oficial em 1937, quando a Irlanda se tornou uma nação independente.

A bandeira *tricolore* da Irlanda é composta pelo verde, pelo laranja e pelo branco. O verde representa o povo católico, o laranja representa o povo protestante e branco representa a paz entre as duas religiões.

Reino Unido

A bandeira do Reino Unido representa os seguintes países: Inglaterra, País de Gales, Escócia e Irlanda do Norte. A união entre eles aconteceu em 1707 e a bandeira que representa todas as nações juntas é conhecida como Bandeira da União ou *Union Jack*.

7

ILHA DAS LETRAS

Você consegue desembaralhar as letras e decifrar o nome de cada um dos países?

A CAÉISU

B DAIFLÂNIN

C SAILINDÂ

D GONAREU

E CARINDAMA

TESTE DE MEMÓRIA

Sem olhar na página anterior, consegue se lembrar de como completar cada bandeira?

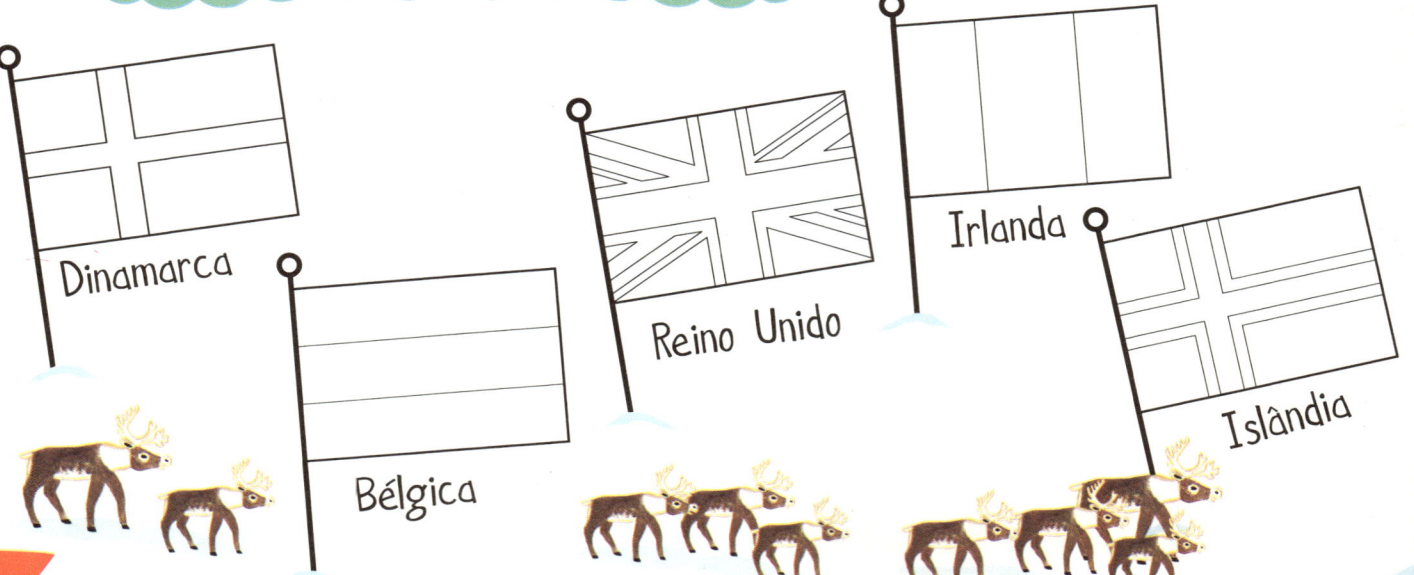

Dinamarca

Bélgica

Reino Unido

Irlanda

Islândia

8

CONSERTANDO

Estas bandeiras foram cortadas em pedacinhos. Você consegue reconhecer cada uma delas e juntar as partes corretas?

BRASÃO

Aqui está o brasão da Bélgica. Você consegue copiar o original?

Use esse espaço para criar seu próprio brasão.

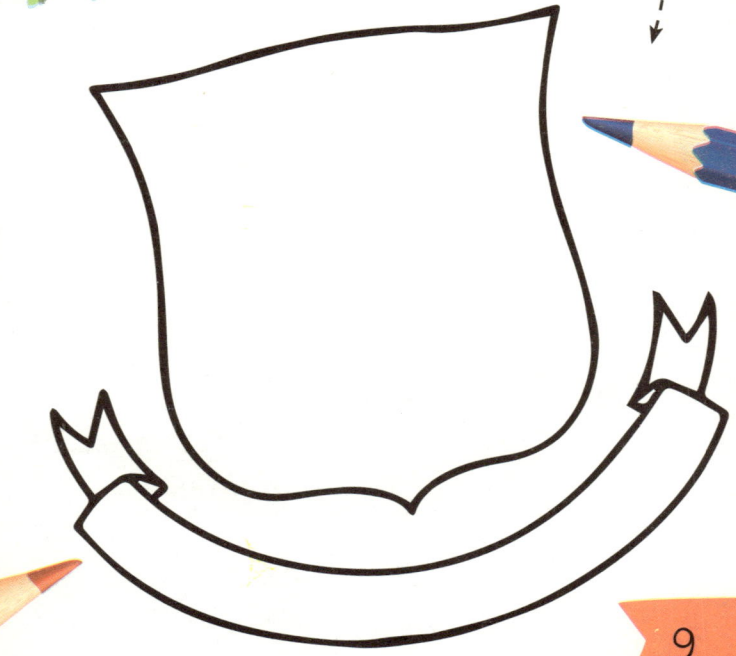

França

A bandeira francesa é conhecida como *"Tricolore"*. É um dos melhores designs conhecidos de "três faixas". Dizem que o azul e o vermelho representam Paris, enquanto o branco representa a casa real de Bourbon.

A bandeira *tricolore* foi usada durante a Revolução Francesa, em 1789. A bandeira passou a representar os ideais de liberdade, igualdade e fraternidade.

Crie aqui a sua própria bandeira Tricolore!

Mônaco

Mônaco é um pequeno país localizado na costa sul da França. Governado pela família Grimaldi – de origem italiana – desde 1297. Eles eram, originalmente, de Gênova, na Itália.

O Brasão de Mônaco é o brasão da família Grimaldi. Dois monges lado a lado com espadas levantadas junto de um escudo branco, todo decorado com diamantes vermelhos.

Andorra

Um pequeno principado localizado entre a França e a Espanha, na cordilheira dos Pirineus. Sua bandeira herdou o vermelho e o amarelo da bandeira espanhola, e o azul, da francesa. Historicamente, as duas nações maiores têm protegido o principado

Um príncipe sempre é o chefe de Estado de um principado.

Portugal

Uma nação marítima e exploradora, tem em seu emblema uma esfera armilar e um escudo. A esfera armilar é uma ferramenta que já foi muito usada em navios, durante os tempos áureos da navegação.

Espanha

A bandeira espanhola foi projetada para que, quando hasteada em um navio, pudesse se destacar ao longe, por isso foram escolhidos o vermelho e amarelo. Na faixa amarela está o brasão de armas espanhol.

O brasão da Espanha foi pensado para destacar os reinos que se unificaram para formar o país.

San Marino

A pequena república de San Marino foi construída na encosta do monte Titano. Na bandeira, o azul representa o céu e o branco, as nuvens acima do Pico de la Rocca, que é o ponto mais alto do país.

O brasão mostra três castelos com as bordas laureadas com ramos de louro e de carvalho.

Malta

A bandeira de Malta mostra uma Cruz de George, uma medalha militar, no canto superior esquerdo. A medalha foi concedida ao povo maltês pelo rei George VI, por sua bravura na Segunda Guerra Mundial.

Luxemburgo

A bandeira de Luxemburgo é semelhante à holandesa, mas o azul é mais claro. O vermelho representa o vigor do povo e das terras, o branco, a paz e o azul, o lindo e limpo céu de Luxemburgo.

Pinte a bandeira de Luxemburgo.

Itália

Quando militares franceses comandados por Napoleão trouxeram suas tropas para conquistar o norte da Itália, trouxeram também a bandeira francesa! A bandeira italiana também possui três cores, mas tem o verde no lugar do azul.

Napoleão Bonaparte tornou-se depois o Imperador Napoleão, um dos líderes militares mais famosos de todos os tempos.

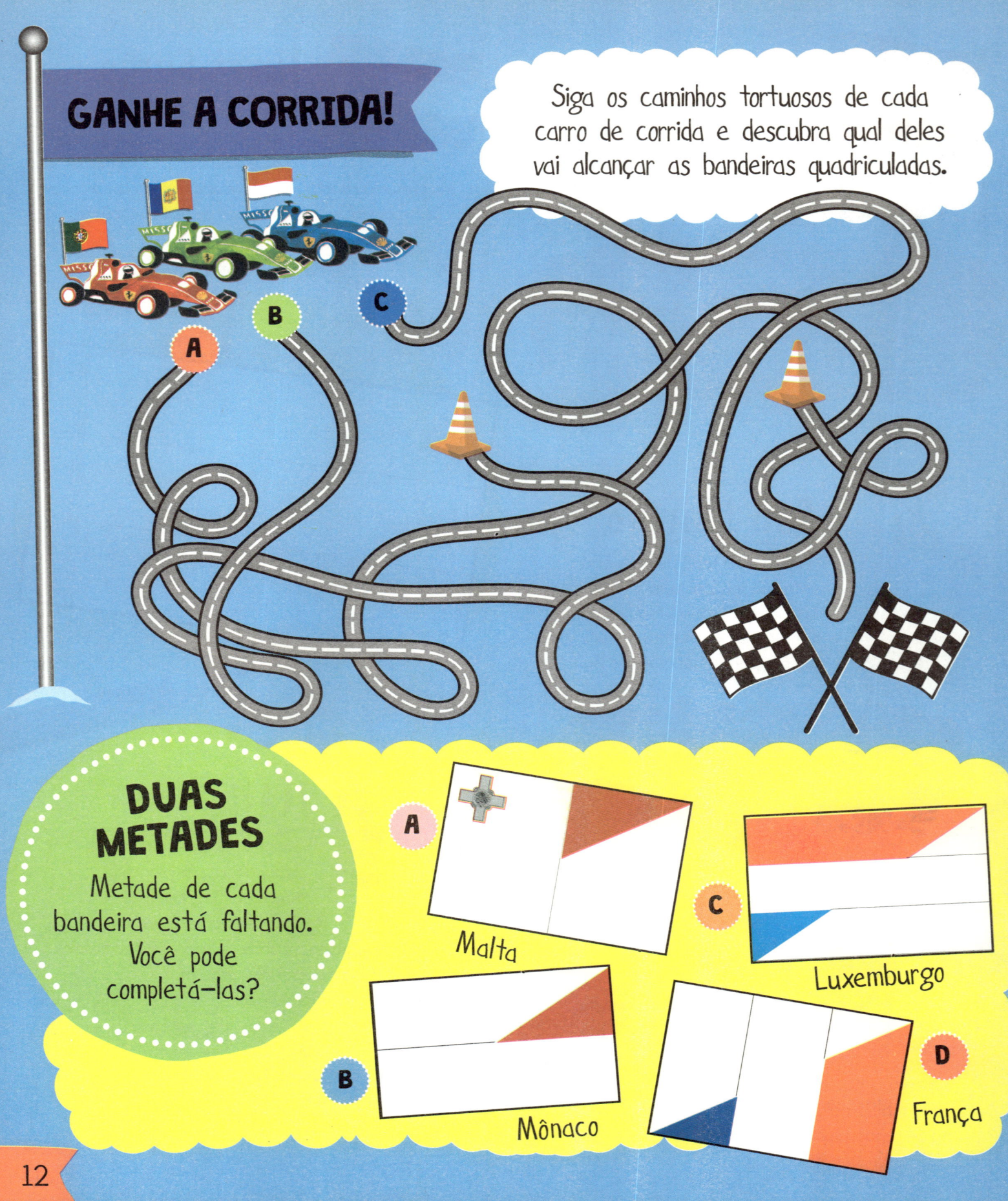

BOLHA-PROBLEMA

Cada bolha representa uma parte do desenho de quatro bandeiras importantes. Você consegue descobrir a qual país cada parte pertence?

Pistas nas páginas 10 e 11.

BATE-PRONTO

Vamos testar seus conhecimentos sobre as bandeiras das páginas 10 e 11?

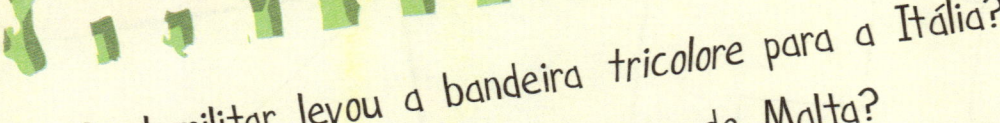

1. Qual militar levou a bandeira tricolore para a Itália?
2. Qual prêmio foi concedido ao povo de Malta?
3. Por que tem uma esfera armilar na bandeira portuguesa?
4. Por que o vermelho e o amarelo foram as cores escolhidas para a bandeira espanhola?
5. Qual país foi construído na encosta do Monte Titano?

13

Alemanha

A bandeira alemã foi desenhada em 1848, quando o país foi dividido em vários territórios separados. Este, virou o desenho oficial em 1990, quando Alemanha Oriental e a Alemanha Ocidental se uniram novamente.

Polônia

O vermelho e o branco da bandeira polonesa foram inspirados no brasão do país: uma águia branca em um campo vermelho.

O emblema da águia de Portugal vem sendo usado desde o século XII.

Suíça

O país é composto por 26 estados, chamados cantões. O desenho da bandeira foi inspirado na bandeira de Schwyz, um dos primeiros três cantões que se uniram para formar o país.

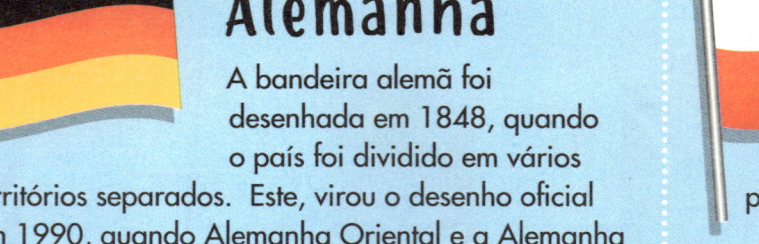

República Checa

A República Checa e a Eslováquia são hoje nações separadas e independentes, mas no passado, até 1993, formavam um único país. A bandeira checa é muito parecida com a da Polônia, por isso, o triângulo azul foi acrescentado à bandeira checa para diferenciá-la da outra.

Complete a bandeira da Suíça.

Complete a bandeira Checa.

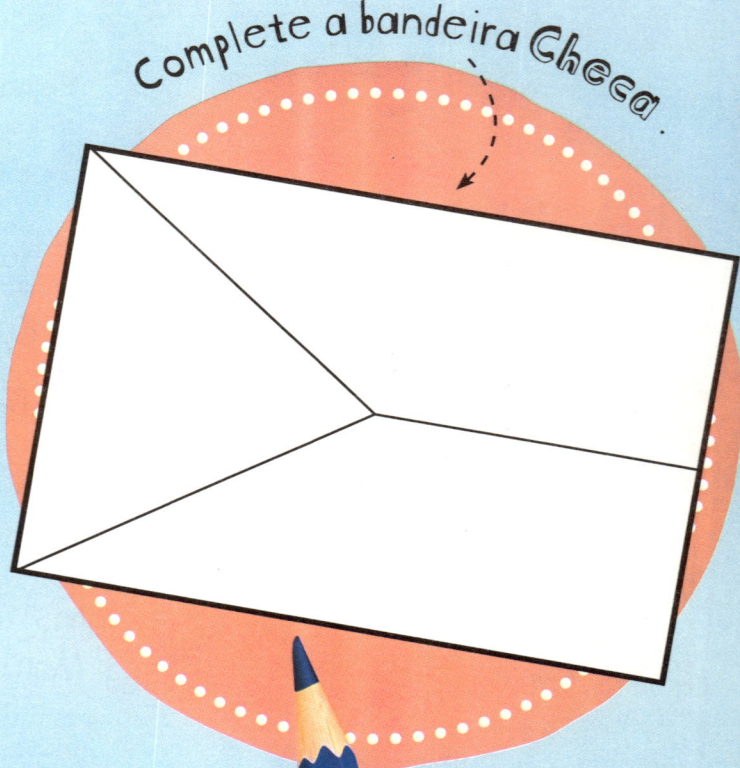

Liechtenstein

As bandeiras do Liechtenstein e do Haiti causaram confusão no Jogos Olímpicos de Berlim de 1936 porque elas eram muito parecidas. Em 1937, Liechtenstein adicionou uma coroa de ouro à sua bandeira. Agora você pode distinguir as duas!

Complete a coroa.

Hungria

A bandeira húngara foi desenhada por revolucionários, em 1848. Eles queriam a independência da Hungria do vasto império Austríaco Habsburgo. Eles usaram o vermelho para representar força, o branco para a fé e o verde para a esperança.

Eslováquia

A Eslováquia fazia parte da Checoslováquia até 1993, quando se tornou independente. A bandeira mostra os braços da Eslováquia: uma cruz branca dupla e montanhas azuis, em um fundo vermelho.

Complete a bandeira da Eslováquia.

Áustria

O padrão vermelho-branco-vermelho foi usado pela Áustria por 800 anos. A bandeira do governo também tem uma águia negra com um martelo e uma foice nas garras.

O martelo representa a indústria e a foice representa a agricultura.

15

COLORIR

Ligue cada bandeira a sua paleta de cor correspondente e diga à qual país cada bandeira pertence.

TRITURANDO NÚMEROS

Hora de resolver o sudoku da bandeira da Áustria!

Há uma história clássica sobre um duque austríaco. Ele se envolveu em uma batalha feroz e sua única túnica ficou toda manchada de sangue. Quando ele tirou o cinturão onde guardava a espada, apareceu uma faixa branca do tecido. Ele gostou daquilo e adotou aquele padrão para o seu emblema.

Eslovênia

A bandeira da Eslovênia têm as mesmas três listras da bandeira da Eslováquia: branco, azul e vermelho. O brasão de armas mostra montanhas, o mar e três estrelas douradas.

Pinte a bandeira da Eslovênia.

Croácia

A bandeira croata usa uma combinação de vermelho, branco e azul, cores utilizadas nas bandeiras de alguns países em que a maioria dos habitantes possui ascendência eslava. O brasão mostra um escudo quadriculado vermelho e branco com cinco pequenos escudos acima dele. Cada um deles representa uma região do país.

Montenegro

Até 2006, Montenegro e a Sérvia formavam uma única nação. Quando se separaram, Montenegro projetou sua bandeira em torno de uma primeira, usada em 1880. Seu brasão mostra duas cabeças de águia e um leão.

Bósnia e Herzegovina

Branco, azul e amarelo foram as cores escolhidas para a bandeira da Bósnia e Herzegovina e, tradicionalmente, representam a paz. O triângulo representa a forma do país e também cada um dos seus três grupos étnicos: bósnios, croatas e sérvios.

As estrelas na Bósnia e Herzegovina representam a Europa.

Complete o brasão.

Romênia

A Romênia tornou-se independente do Império Otomano em 1859. A bandeira mostra o azul e o vermelho da antiga província da Valáquia, e o amarelo e o vermelho da antiga província da Moldávia.

Moldávia

A Moldávia é um país independente desde 1991. O azul representa o mar, o amarelo, o trigo e a cevada, e o vermelho, o sangue derramado na época das invasões. No centro, o brasão é o que a diferencia da bandeira da Romênia.

Complete a bandeira da Romênia.

O brasão da Moldávia tem a forma de uma águia com escudo no centro, com a imagem de uma cabeça de boi, uma rosa e uma estrela.

Ucrânia

A bandeira da Ucrânia foi usada, pela primeira vez, em 1918, quando se tornou independente pela primeira vez. Foi então controlada pela União Soviética até 1991. A bandeira mostra campos de trigo amarelo e o céu azul.

Sérvia

Quando Sérvia e Montenegro separaram-se, em 2006, a Sérvia optou por usar vermelho, branco e azul em sua bandeira. O brasão mostra duas cabeças de águia e uma cruz.

Complete a bandeira da Ucrânia.

PEÇAS PERDIDAS

Descubra quais peças completam o quebra-cabeça ao lado.

VER DE PERTINHO!

Encontre cinco diferenças entre as duas bandeiras da Eslovênia e circule cada uma delas.

Pinte uma bandeirinha cada vez que encontrar uma diferença.

AS DUAS PARTES

Ops! Falta uma parte das bandeiras. Você consegue completar pintando cada uma delas?

QUAL?

Ligue as bandeiras aos respectivos ciclistas e diga qual país cada um deles representa.

21

Rússia

A bandeira russa foi usada pela primeira vez pelo czar Pedro, o Grande, em navios russos. O desenho foi inspirado nas outras bandeiras europeias com três cores.

> Muitos países da Europa usaram a bandeira russa como inspiração. Principalmente, por conta da combinação de vermelho, branco e azul. Esse conjunto de cores é conhecido como cores pan-eslavas. "Eslavo" refere-se aos países da Europa Central e Oriental.

Macedônia do Norte

A bandeira da Macedônia tem sido usada desde 1995. Ela mostra um sol amarelo radiante – enviando luz para todos os lados – em um fundo vermelho.

Pinte a bandeira da Macedônia.

Letônia

A bandeira da Letônia remonta ao século XIII. Em documentos da época da Idade Média há a descrição de uma bandeira vermelha com uma faixa branca no centro. Nos dias de hoje, o povo conta que o vermelho representa a vontade dos letões de defender seu país.

Estônia

A bandeira da Estônia foi desenhada em 1881 por alguns estudantes que protestavam contra o domínio russo. Foi usada, oficialmente, desde que a Estônia tornou-se independente, em 1990.

> Na bandeira da Estônia, o azul representa o céu e lealdade; o preto refere-se ao solo e ao sofrimento passado; o branco é a neve e a luta pela liberdade.

Complete a bandeira da Estônia.

Bielorrússia

A bandeira da Bielorrússia possui duas faixas horizontais. A superior, mais larga, em vermelho, representando as lutas e a vitória da nação. A faixa mais estreita, em verde, representa os bosques e a esperança. À esquerda, na vertical, há uma faixa vermelha e branca com um desenho decorativo que representa a cultura do povo bielorrusso.

Grécia

A bandeira grega mostra nove listras horizontais azuis e brancas. No alto, à esquerda, tem um quadro azul com uma cruz branca. O azul representa o céu. A cruz representa a fé cristã grega.

Lituânia

A faixa vermelha na bandeira lituana vem do brasão nacional, que mostra um cavaleiro branco em um fundo vermelho. Nesta bandeira, o vermelho também simboliza coragem, o verde é esperança e o amarelo é a abundância.

Chipre

Uma imagem de cobre da ilha aparece na bandeira do Chipre. O cobre foi escolhido por conta do grande depósito de minério de cobre que existe nesse país. Abaixo do desenho da ilha há dois ramos de oliveira, que representam a paz.

Bulgária

A Bulgária fez parte do vasto Império Otomano até 1908. Quando se tornou independente, a Bulgária escolheu uma bandeira com três cores, em faixas horizontais: o branco representa a paz, o verde a liberdade e o vermelho a bravura do seu povo.

Albânia

A Albânia é conhecida como a "terra da águia". A águia negra tem sido o emblema da bandeira da Albânia desde o século XV.

Pinte o emblema da Albânia.

23

QUANTAS LISTRAS!

Aqui estão as bandeiras da Rússia, Letônia, Estônia, Lituânia e Bielorrússia. Você consegue escolher a paleta artística correta para cada bandeira?

ESTÔNIA

RÚSSIA

LITUÂNIA

BIELORRÚSSIA

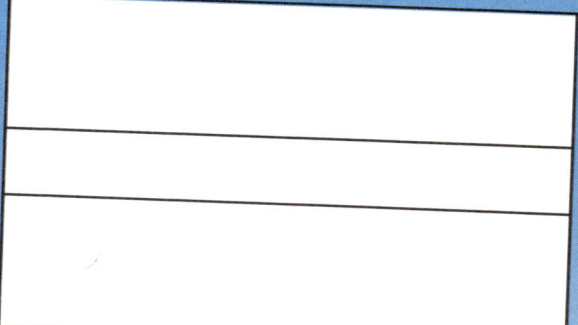

LETÔNIA

Você consegue completar as bandeiras?

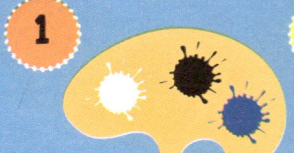    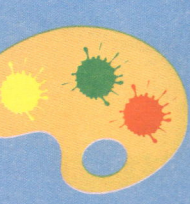

QUERO SER SEU PAR

Encontre o par de cada bandeira. Qual delas ficou sozinha?

DIRETO AO ALVO

Qual dessas é a bandeira da Grécia?

AMÉRICA DO NORTE E CENTRAL

Canadá

A grande folha vermelha de bordo da bandeira canadense é sempre fácil de encontrar! O Canadá é famoso pelas árvores de bordo e pelo xarope de bordo.

> O branco representa a neve do norte do país, o vermelho é uma homenagem aos muitos que lutaram nas guerras.

Pinte a bandeira do Canadá.

As províncias

O Canadá é dividido em dez províncias e três territórios. Cada um deles tem sua própria bandeira. Aqui você vai conhecer algumas delas.

Territórios do Noroeste

Há cerca de 11 dialetos falados nos Territórios do Noroeste. A bandeira foi escolhida por meio de um concurso.

Ontário

Em Ontário fica Ottawa, a capital canadense. Sua bandeira tem uma representação da Bandeira da União, um dos símbolos do vínculo entre Canadá e Reino Unido.

Nova Escócia

A cruz de Santo André aparece na bandeira da Nova Escócia em azul, com um fundo branco. No centro, está um escudo ostentando um brasão: um leão com uma borda decorada com flores.

Nunavut

A maioria da população de Nunavut é de pessoas inuit. Eles vivem nessa região há milhares de anos. A bandeira mostra um monumento usado para marcar lugares sagrados.

Estados Unidos da América

Os EUA faziam parte do Império Britânico. Tiveram sua independência declarada em 4 de julho de 1776. As colônias, que originalmente estavam contra o domínio britânico, são lembradas nas 13 listras vermelhas e brancas na bandeira.

As estrelas no canto superior esquerdo representam os 50 estados norte-americanos.

Pinte as linhas e estrelas com as cores corretas.

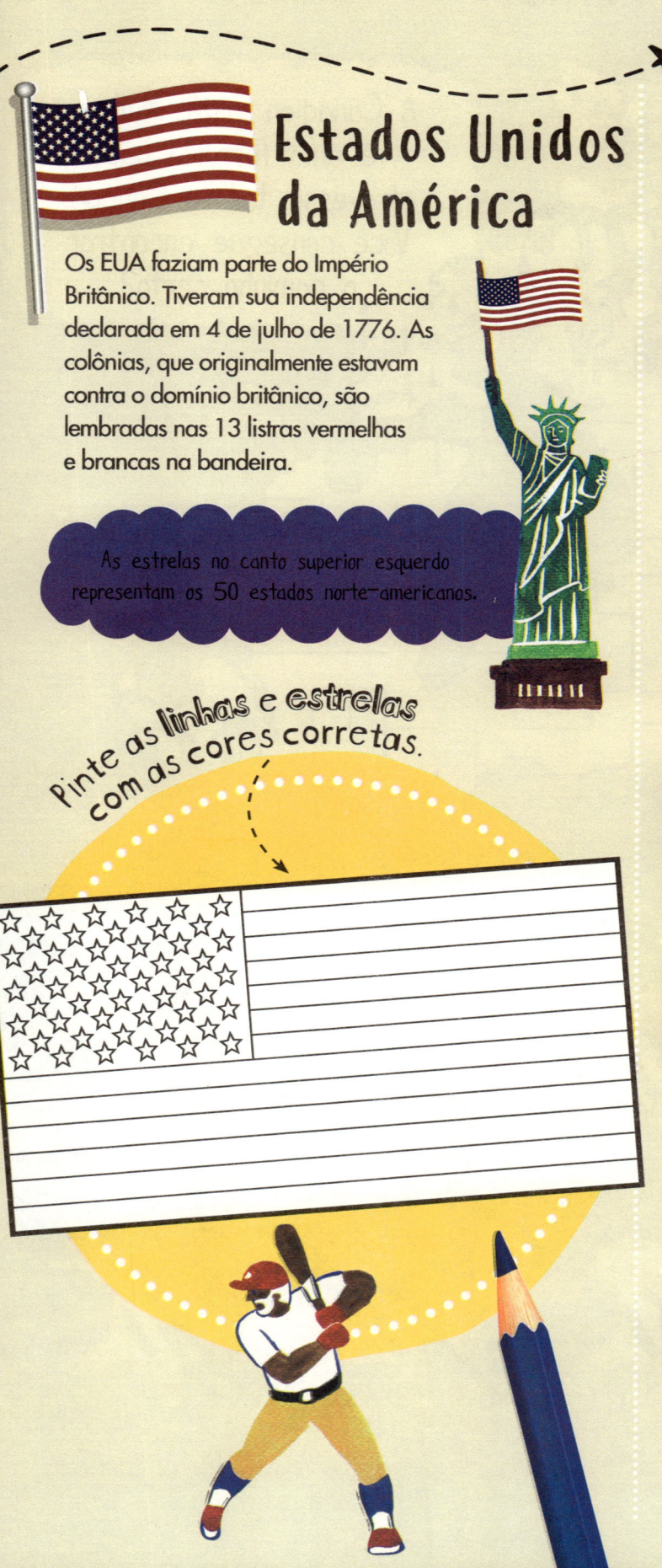

Bandeiras dos estados

Cada estado norte-americano tem sua própria bandeira. Aqui estão algumas delas:

Arizona
O vermelho e o amarelo lembram o tempo em que o Arizona foi governado pela Espanha. O estado é rico em minério de cobre, representado pela estrela.

Califórnia
Um urso-pardo caminha pela bandeira da Califórnia. Acima de sua cabeça está uma estrela vermelha que representa a liberdade.

Virgínia
O selo redondo da bandeira da Virgínia mostra a figura da Liberdade triunfando sobre a Tirania.

Ohio
A bandeira de Ohio é a única dos EUA com formato não-retangular. O grande triângulo azul representa os vales e as colinas do estado, as faixas representam as estradas e as vias aquáticas. As 17 estrelas representam o fato de Ohio ter sido o 17º estado a se juntar ao que formou os Estados Unidos da América.

Nova York
A bandeira de Nova York mostra duas figuras: Liberdade e Justiça. A figura da Justiça aparece de olhos vendados. Isso simboliza que todos são tratados igualmente perante a lei.

BI-BII! BI-BII!

Encontre o caminho até as estrelas e listras da bandeira dos EUA.

SENHORA LIBERDADE

O que falta em cada uma das bandeiras?

A   B   C

México

A bandeira mexicana é semelhante à bandeira da Itália, porém, ao centro, aparece seu brasão. A bandeira de três cores da França serviu de inspiração para os mexicanos.

Diz a lenda que um antigo líder asteca foi instruído por um deus para se estabelecer onde o povo havia encontrado uma águia comendo uma cobra, sentada em um cacto. Esse assentamento hoje é a Cidade do México. E é essa história que o brasão representa.

Pinte a bandeira do México.

Honduras

Em 1823, cinco colônias espanholas se uniram para formar as Províncias Unidas da América Central. As cinco estrelas na bandeira de Honduras representam as cinco colônias.

Pinte a bandeira de Honduras.

Guatemala

Essa bandeira apresenta seu brasão: um pássaro quetzal verde – símbolo da liberdade – sentado em um pergaminho.

Belize

O azul e o vermelho da bandeira de Belize representam o Partido Unido do Povo, que chegou ao poder em 1950 e instituiu a atual bandeira.

A bandeira tem um emblema central com desenhos de ferramentas e uma árvore de mogno, que representa a indústria madeireira do país.

Nicarágua

Semelhante à bandeira de El Salvador, a bandeira da Nicarágua diferencia-se pelo seu tom de azul um pouco mais escuro. No centro, o brasão mostra um arco-íris e os raios de sol representam um futuro brilhante.

Complete a bandeira da Nicarágua.

Costa Rica

A cor azul simboliza o céu, a branca simboliza a paz e a vermelha simboliza o sangue derramado pelos mártires. O brasão simboliza as lutas e guerras do país.

Panamá

Na bandeira do Panamá, o azul representa os Conservadores e o vermelho representa os Liberais. O branco foi escolhido para simbolizar a paz entre os dois partidos políticos.

A bandeira do Panamá foi criada em 1903, quando o país se tornou independente da Colômbia, o que permitiu a construção do Canal do Panamá.

Complete a bandeira do Panamá.

El Salvador

A bandeira de El Salvador tem ao centro seu brasão nacional. A faixa branca representa a terra, a paz e a prosperidade. As duas faixas azuis representam o Mar do Caribe e o Oceano Pacífico.

MISTUREBA

Faltam alguns símbolos nessas bandeiras. Você consegue descobrir quais são?

A
B
C
D

1
2
3
4

ALTO-MAR

Desembaralhe as letras e descubra o nome de cada país.

A VORLESLAAD

B CISTOCAAR

C RICANAUGA

D APAAMN

Cuba

Cuba conquistou a sua independência em 1902. As cinco listras representam as cinco províncias cubanas da época da independência. O triângulo representa a igualdade.

A estrela na bandeira é chamada Estrela Solitária ou *La Estrella Solitaria*. Foi inspirada na bandeira do Texas, que é conhecido como o estado da estrela solitária.

Bahamas

O mar e a areia são representados pelo azul e pelo amarelo na bandeira. Antes de se tornar uma colônia britânica, em 1783, Bahamas foi uma base de piratas. Bahamas conquistou sua independência em 1973, quando já havia registros de navios civis com a nova bandeira.

Esta é a bandeira vermelha britânica com uma bandeira das Bahamas no canto superior.

Jamaica

A bandeira jamaicana foi escolhida em uma competição de desenhos enviados pelo povo. Um ditado popular diz "Dificuldades há. Mas a terra é verde e o sol brilha".

Pinte a bandeira de Cuba.

Complete a bandeira da Jamaica.

Haiti

A história da bandeira haitiana diz que, durante a luta pela independência da dominação francesa, um rebelde rasgou a bandeira da França. O azul e as listras vermelhas foram costuradas novamente para criar uma nova bandeira.

O brasão simboliza a luta do Haiti pela liberdade.

Complete o emblema do Haiti.

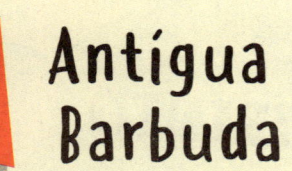

Antígua e Barbuda

Sua bandeira foi escolhida dentre mais de 600 inscrições, em um grande concurso. A forma em V representa a vitória na independência, o sol nascente simboliza uma nova era.

Pinte a bandeira de Antígua e Barbuda.

República Dominicana

A República Dominicana esteve sob o domínio haitiano. Quando, finalmente conquistou sua independência, uma nova bandeira foi criada, mas as cores foram mantidas.

São Cristóvão e Névis

Essa bandeira foi projetada por um estudante. O vermelho representa a luta pela liberdade; o verde, a terra fértil; as duas estrelas representam a esperança e a liberdade; o amarelo simboliza o clima ensolarado e, finalmente, o preto representa a ascendência africana de São Cristóvão.

LABIRINTO

Encontre o caminho correto até as Bahamas. Lembre-se de desviar dos tubarões!

Você se recorda das bandeiras da Jamaica e de Cuba? Complete os dois desenhos abaixo sem espiar nas páginas anteriores!

CONSTRUINDO MEMÓRIAS

TRAVA-OLHO

Você consegue encontrar três bandeiras na ordem indicada no modelo?

COLA-COLA

Você consegue juntar as peças e montar a bandeira de Antígua e Barbuda de novo?

A B C D E F

37

Dominica

No meio da bandeira de Dominica aparece um papagaio sisserou, uma espécie em extinção e símbolo nacional. As estrelas representam os dez distritos da ilha.

Complete a bandeira de Dominica.

São Vicente e Granadinas

As ilhas de São Vicente e Granadinas conquistaram a independência juntas, em 1979. As "gemas" no meio da bandeira estão dispostas em forma de V para São Vicente.

O azul representa o céu claro; o amarelo simboliza o sol e o verde, as plantas e árvores da ilha.

Pinte com as cores corretas.

Granada

A pequena forma à esquerda da bandeira de Granada é uma noz-moscada. Granada é conhecida pelo seu tempero e, às vezes, é chamada de "ilha das especiarias".

A estrela central representa a capital da ilha, St. George's, e as seis estrelas exteriores referem-se aos distritos da ilha.

Barbados

O tridente na bandeira de Barbados faz referência ao tempo em que Barbados era uma colônia britânica. Também representa Netuno – o deus do mar – o que mostra a importância que o oceano tem para esse país que é uma ilha.

O tridente não tem um eixo ou alça. Isso mostra que o vínculo com o passado colonial foi quebrado.

Trinidad e Tobago

Muitos projetos de bandeiras foram enviados pelo povo. O desenho escolhido mostra o preto, da terra; o vermelho, para o sol e o branco representa o mar.

Santa Lúcia

Os triângulos da bandeira de Santa Lúcia representam dois vulcões da ilha chamados de Pitons. O azul representa o oceano Atlântico, o amarelo é uma referência ao sol. O preto e o branco representam o povo do país.

Complete a bandeira de Barbados.

Complete a bandeira de Santa Lúcia.

DESTINO DESCONHECIDO

Para onde vai cada um dos viajantes? As pistas estão na página 38.

A — Vou conhecer os vulcões Pitons.

B — Vou ficar em um hotel no monte Gimie.

C — Gostaria de ver um papagaio sisserou.

SUDOKU ENSOLARADO

Hora do desafio do Sudoku na ensolarada terra da ilha de Granada.

			6		3
3	1	4			2
		5	1	4	3
1	4	3	2		
	3		5	6	2
	6		3		

PALETA DE CORES

Quais bandeiras os artistas A, B e C pintaram?

A B C

1 2 3

O QUE FALTA?

Falta algo em cada uma dessas bandeiras. Você sabe o que é?

A

B

C

41

ÁSIA

Turquia
O vermelho foi usado na bandeira da Turquia por séculos. Antes de se tornar uma república, a Turquia fazia parte do grande Império Otomano, que se estendia do norte da África, através da Europa até o sul da Rússia!

O crescente e a estrela são símbolos da religião islâmica e, por isso, são usados por muitos países muçulmanos.

Complete a bandeira da Turquia

Geórgia
A Geórgia conquistou sua independência em 1991. Em 2004, sua bandeira passou a contar com cinco cruzes, que representam a fé cristã ortodoxa.

Armênia
A Armênia fazia parte do Império Otomano e depois tornou-se parte da União Soviética. A Armênia conquistou sua independência em 1991. Em sua bandeira, o vermelho representa as terras altas, o azul remete ao céu claro e o laranja refere-se às colheitas.

Azerbaijão
Esta bandeira foi criada quando o Azerbaijão tornou-se independente, em 1918, após a queda do Império Otomano. Esta bandeira tornou-se a oficial em 1991, quando o país passou a ser independente novamente.

O azul representa a nação, o vermelho significa o progresso e o verde representa o Islã.

Líbano

A árvore na bandeira libanesa é o cedro do Líbano. Esse é o símbolo do país há cerca de 3 mil anos.

Israel

O Estado de Israel foi declarado independente em 1948. A estrela de seis pontas fica bem no centro da bandeira insraelense e é um símbolo tradicional do judaísmo. As listras azuis e brancas são semelhantes às do xale de oração judaico.

Pinte a bandeira de Israel.

Síria

Síria e Egito se juntaram para formar a República Árabe Unida, em 1958. A união entrou em colapso em 1961. A Síria mudou sua bandeira, mas voltou para esta em 1963.

Iraque

Adotada em 2008, a bandeira do Iraque tem uma faixa vermelha, uma branca e outra preta. No centro, em verde, está escrito, em árabe, "Deus é grande".

Tajiquistão

A bandeira tem três faixas horizontais. O vermelho representa a unidade da nação, o branco representa as plantações de algodão e a neve da montanha e o verde representa a natureza do país e seus vales. Na faixa branca, no centro, em semicírculo, há uma coroa dourada rodeada por sete estrelas de cinco pontas.

Uzbequistão

A lua na bandeira do Uzbequistão representa a nova nação, que ganhou independência em 1991. As 12 estrelas representam os 12 meses do ano.

Cazaquistão

O azul-celeste da bandeira do Cazaquistão representa os diversos povos turcos que compõem o país. A águia dourada remete à independência, liberdade e um voo para o futuro.

Quirguistão

Adotada em 1992, o vermelho é uma homenagem a Manas, o Nobre, herói nacional do Quirguistão. O sol tem 40 raios, que representam cada uma das 40 tribos quirguizes.

43

QUAL?

Cada bolha mostra parte de uma bandeira. A qual país cada uma delas pertence?

OLHA A DICA

Observe as roupas. Qual país cada pessoa representa?

Dicas na página 42.

LIGA-LIGA

Hora de ligar cada elemento à sua respectiva bandeira.

A ☾   B ☀   C ★   D الله اكبر

1   2   3   4

CERTO OU ERRADO?

Qual é a versão correta da bandeira do Cazaquistão?

A   B   C

45

Jordânia

A Jordânia conquistou sua independência em 1946 e acrescentou à sua tradicional bandeira árabe a estrela de sete pontas.

> Os sete pontos na estrela representam os versos que abrem o Alcorão – o livro sagrado da fé muçulmana.

Pinte a bandeira da Jordânia.

Kuwait

A forma à esquerda da bandeira do Kuwait é um trapézio. Na bandeira, o vermelho representa o derramamento de sangue; o branco, a pureza; o verde, a fertilidade e o preto é a derrota do inimigo.

Barém

Barém é um grupo de ilhas ligado à Arábia Saudita por uma estrada de terra de 25 km (15 milhas). A faixa branca foi adicionada à bandeira em 1820 para mostrar que seus navios não eram piratas.

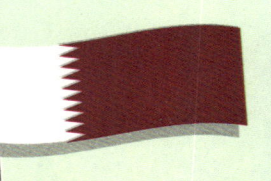

Catar

Muito similar à bandeira do Barém, seu vermelho é mais escuro. Popularmente, acredita-se que a cor mudou devido à permanência no sol.

Arábia Saudita

O verde da bandeira da Arábia Saudita representa a fé islâmica. O texto é a declaração de fé muçulmana. A espada representa um presente dado ao rei Abd-al Aziz, que unificou o país em 1932.

Emirados Árabes Unidos

Os sete estados que compõem os Emirados Árabes Unidos se uniram em 1971. A tarja vermelha representa a tradição de bandeiras árabes serem dessa cor. O preto na bandeira representa o petróleo da região.

Iêmen

A atual bandeira do Iêmen foi criada quando duas nações uniram-se e formaram um estado único. Vermelho, branco e preto eram elementos compartilhados entre as bandeiras das duas nações.

Irã

Verde, branco e vermelho foram as cores usadas pelo Irã durante séculos. Onde as listras se encontram está escrito "Deus é grande".

Pinte a bandeira do Iêmen.

Turcomenistão

Originalmente parte da Rússia, o Turcomenistão tornou-se independente em 1991. A faixa no lado esquerdo mostra cinco desenhos de tapetes tradicionais e uma coroa de folhas de oliveira.

Afeganistão

Devido às incontáveis mudanças no país, o Afeganistão alterou sua bandeira mais vezes do que qualquer outro país. A maioria das versões usou preto, vermelho e verde. O brasão atual fica bem no centro da bandeira.

Omã

O uso de vermelho em bandeiras é tradicional nessa região. O branco significa paz e o verde representa as montanhas do país. O emblema de espadas e da adaga representam a dinastia dominante.

Paquistão

Em 1947, o Paquistão separou-se da Índia. O verde na bandeira representa os muçulmanos e a faixa branca, a população não muçulmana. A estrela significa luz e conhecimento, o crescente representa o progresso.

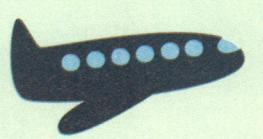

CORRIDA DE CAMELOS

Qual camelo vai chegar à tenda primeiro?

CONSERTO

Essas bandeiras precisam de reparo. Você consegue encontrar os pedaços que faltam?

1 Barém 2 Emirados Árabes Unidos 3 Jordânia

A B C
D E F

48

E AGORA?

Estas bandeiras foram costuradas todas erradas. Descubra a ordem correta.

A
B
C

A
B
C

PÁ, PUMBA!

Você se lembra de tudo que aprendeu nas páginas 46 e 47?

1. O que as bandeiras dos países árabes têm em comum?
2. Qual país tem a estrela da luz e do conhecimento em sua bandeira?
3. O que há no lado esquerdo da bandeira do Turcomenistão?
4. Na bandeira de Omã, o que o verde representa?
5. A qual país esta bandeira pertence? Responda e pinte sem olhar nas páginas anteriores.

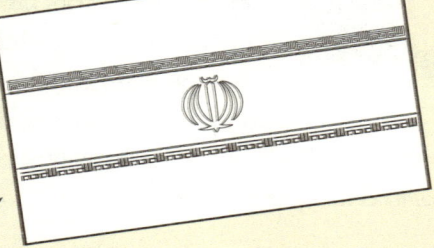

49

Índia

A bandeira indiana atual foi adotada em 1947, após sua independência do domínio britânico. A cor laranja ou açafrão representa a coragem e o sacrifício; o branco, a pureza e a verdade; o verde simboliza a fé e a fertilidade.

O emblema da bandeira da Índia é chamado de "chakra". Ele representa o movimento da vida.

Pinte a bandeira da Índia.

Nepal

A forma da bandeira do Nepal é única. Mostra em dois triângulos uma lua em fase crescente e um sol. O vermelho simboliza o rododendro, a flor símbolo nacional do país. O contorno azul de toda a bandeira representa a paz.

Butão

Na língua local, Butão significa "terra de dragões". O dragão branco que aparece na bandeira simboliza a pureza. O laranja representa a religião budista e o amarelo a família real.

Sri Lanka

A ilha do Sri Lanka era conhecida como Ceilão até 1972. Três religiões estão representadas na bandeira: o verde são os mulçumanos, o laranja para os hindus e o amarelo para os budistas.

O leão é o símbolo do Sri Lanka e representa a bravura do povo.

Bangladesh

Toda verde e com um grande círculo vermelho, essa bandeira passou a ser usada após a conquista da independência por Bangladesh, em 1971. O verde representa os campos e o vermelho a luta pela liberdade.

República das Maldivas

Este país é composto por várias pequenas ilhas localizadas no oceano Índico. Tornou-se independente em 1965, quando sua bandeira foi criada. O vermelho vem da bandeira original e o verde representa o Islã e a paz.

China

A China foi estabelecida como uma república comunista em 1949. O vermelho simboliza a revolução. A estrela maior representa o Partido Comunista da China. As menores simbolizam o povo chinês.

Complete a bandeira da China.

Mongólia

O emblema localizado no canto superior esquerdo combina diversos símbolos do budismo. O vermelho, originalmente usado na bandeira da revolução, representa o progresso.

Laos

Laos ganhou independência em 1953 e está sob regime comunista desde 1975. A faixa azul no meio mostra a lua cheia refletida no rio Mekong.

Tailândia

A bandeira da Tailândia era originalmente vermelha com um elefante branco no centro. Em sua composição atual, não existe mais o elefante. As listras brancas e azuis foram acrescentadas para expressar apoio a nações europeias durante a Primeira Guerra Mundial.

Myanmar

O Myanmar era conhecido como Birmânia até o nome ser alterado por militares no poder, em 1989. A bandeira foi alterada em 2010. Composta por três faixas, o amarelo remete à paz, o verde representa a solidariedade e a tranquilidade. O vermelho simboliza a coragem e a determinação.

Vietnã

O Vietnã fazia parte de uma colônia francesa chamada Indochina. Foi invadido pelo Japão durante a Segunda Guerra Mundial. O país foi dividido em dois territórios e, posteriormente, unificado após a Guerra do Vietnã, em 1976.

O vermelho representa o derramamento de sangue que faz parte da história do Vietnã. As cinco estrelas remetem aos trabalhadores do país.

PRONTO PARA O JOGO

Esses jogadores de críquete estão prontos para o jogo. Repare em seus uniformes e descubra qual país cada um deles representa.

Dicas na página 50

NA MONTANHA

Esses viajantes querem encontrar o caminho para o Himalaia, a cadeia de montanhas mais alta do mundo! Você consegue ajudá-los?

PANDA PERDIDO

Ajude o urso panda a encontrar o caminho até a floresta de bamboo.

QUAL?

Circule a letra que corresponde à bandeira correta.

TAILÂNDIA

A   B     C

MONGÓLIA

A   B    C

Camboja

Tendo estado sob domínio francês e japonês, o Camboja tornou-se independente em 1953. Em 1993, a monarquia foi restaurada e voltou ao poder. Esta bandeira, de 1948, voltou a valer em 1993.

O antigo templo de Angkor Wat é mostrado na bandeira.

Malásia

A bandeira da Malásia é inspirada na bandeira dos EUA. O crescente representa o Islã. Existem 14 listras e a estrela tem 14 pontas, que representam os 13 estados da nação mais o governo federal.

Cingapura

Cingapura significa "cidade dos leões". Esta cidade se tornou um posto comercial para o império britânico em 1819. Em 1963, Cingapura passou a fazer parte de outro país, a Malásia. Porém, tornou-se independente em 1965.

As cinco estrelas de Cingapura representam democracia, paz, igualdade, justiça e paz.

Indonésia

A bandeira indonésia é inspirada em um modelo que foi usado na região durante o século XIII. O vermelho e o branco representam, respectivamente, o corpo e a alma. O país ganhou independência do governo holandês em 1949.

Complete a bandeira da Indonésia.

Timor-Leste

A bandeira de Timor-Leste foi projetada em 1975, mas ela só se tornou oficial após a independência, em 2002. O vermelho representa o derramamento de sangue na luta pela independência. O preto representa a opressão, o amarelo representa a esperança. E, por fim, a estrela branca representa a paz.

Japão

Um sol vermelho brilhante no meio de um campo branco. O sol tem sido um símbolo do Japão por milhares de anos. O disco vermelho solar é chamado de Hinomaru ou Sol da Sorte.

Complete a bandeira do Japão.

Brunei

Brunei é uma monarquia governada por um sultão. O amarelo da bandeira representa o sultão, as listras são os ministros. O brasão tem cinco elementos, incluindo o crescente do Islã.

Em 1948, a península coreana foi dividida em duas: o território do Norte e o território do Sul.

Coreia do Norte

A bandeira da Coreia do Norte mostra uma estrela vermelha que remete ao comunismo, junto com as tradicionais cores: vermelho, branco e azul.

Coreia do Sul

A Coreia do Sul usa as mesmas cores tradicionais coreanas: o vermelho, o branco e o azul. O símbolo central é chamado yin-yang e representa a harmonia dos opostos.

As formas ao redor da bandeira sul-coreana são chamadas de trigramas ou *Kwae*. Elas representam o céu, a água, a terra e o fogo.

Filipinas

As Filipinas foram governadas pela Espanha e, depois, pelos EUA. Esse país conquistou a sua independência em 1949. O vermelho representa a bravura; o branco, a paz e o azul, a lealdade ao país.

Os oito raios do sol da bandeira filipina representam as oito províncias que lutaram contra o domínio espanhol.

55

NO TEMPLO

Encontre cinco diferenças entre os dois templos do Camboja.

Marque uma bandeira cada vez que encontrar uma diferença.

Complete a bandeira da Malásia encaixando as peças nos lugares corretos.

QUEBRA-CABEÇA

A B C D E

56

UM APÓS O OUTRO

Encontre três bandeiras como na sequência indicada.

ESCALADA

Hora da caminhada no Japão. Qual caminho leva ao topo do Monte Fuji.

A B C

ÁFRICA

Marrocos
O vermelho brilhante da bandeira do Marrocos tem sido usado há séculos. Os cinco pontos da estrela representam as cinco principais regras da fé muçulmana.

Argélia
Argélia era uma colônia francesa até 1962, quando se tornou independente. A bandeira foi desenhada pela Frente de Libertação Nacional, que liderou o movimento pela independência.

Tunísia
O crescente e a estrela da bandeira da Turquia são símbolos do Islã. No passado, a região fez parte do Império Otomano. O desenho da bandeira atual tornou-se oficial em 1999.

Líbia
A bandeira da Líbia foi reintroduzida em 2011 tendo sido usada, pela primeira vez, em 1951. As três listras representam as principais regiões do país. O crescente e a estrela representam o Islã.

Mauritânia
O nome completo da Mauritânia é República Islâmica da Mauritânia. O verde da bandeira e o crescente representam a fé muçulmana. O amarelo simboliza as areias do deserto do Saara.

Sudão
O Sudão compartilha as cores árabes comuns a outras bandeiras: vermelho, branco e preto. O triângulo verde representa o Islã e a prosperidade. Esta bandeira foi escolhida por meio de uma competição, em 1968.

Eritreia
A Eritreia era unificada com a Etiópia, mas conquistou sua independência em 1993. O emblema mostra um ramo de oliveira.

Cabo Verde
Em 2013, Cabo Verde mudou seu nome para República do Cabo Verde. As listras na bandeira representam o caminho para a independência do domínio português.

Senegal

Senegal e Mali uniram forças e conquistaram independência do domínio francês como uma nação única em 1960. No entanto, no mesmo ano, os países se separam, mas suas bandeiras permanecem bastante semelhantes.

> A estrela de cinco pontas da bandeira de Senegal é chamada de pentagrama.

Egito

A bandeira do Egito combina três cores. Na faixa branca, no centro, tem o símbolo da águia de Saladino, símbolo da paz para os egípcios. Saladino foi um governante famoso no século XII. O branco representa a Revolução Egípcia de 1952. O preto simboliza o fim do domínio britânico.

Complete a bandeira do Egito.

Mali

Mali era uma colônia francesa até 1960. A bandeira é inspirada na bandeira francesa, com três faixas verticais. O verde representa a natureza; o amarelo, a riqueza mineral; o vermelho, a luta e o sacrifício.

Gâmbia

O rio Gâmbia flui através deste país, o menor do continente africano. Na bandeira, o vermelho representa a terra da savana; o verde, a floresta; o azul, o rio correndo por ele.

Guiné-Bissau

Esta bandeira é usada desde que o país se tornou independente, em 1973. Bissau é a capital do país e seu nome foi acrescentado ao nome do país como um meio de diferenciá-lo da Guiné.

Guiné

Guiné era conhecida como "Guiné Francesa" até sua independência, em 1958. Como as outras bandeiras na região, utiliza as cores pan-africanas: vermelho, amarelo e verde.

LABIRINTO

Esses turistas querem conhecer as pirâmides do Egito. Ajude-os a encontrar o caminho.

Complete corretamente a sequência das bandeiras.

POR TODOS OS LADOS

60

CRAC-CRAC!

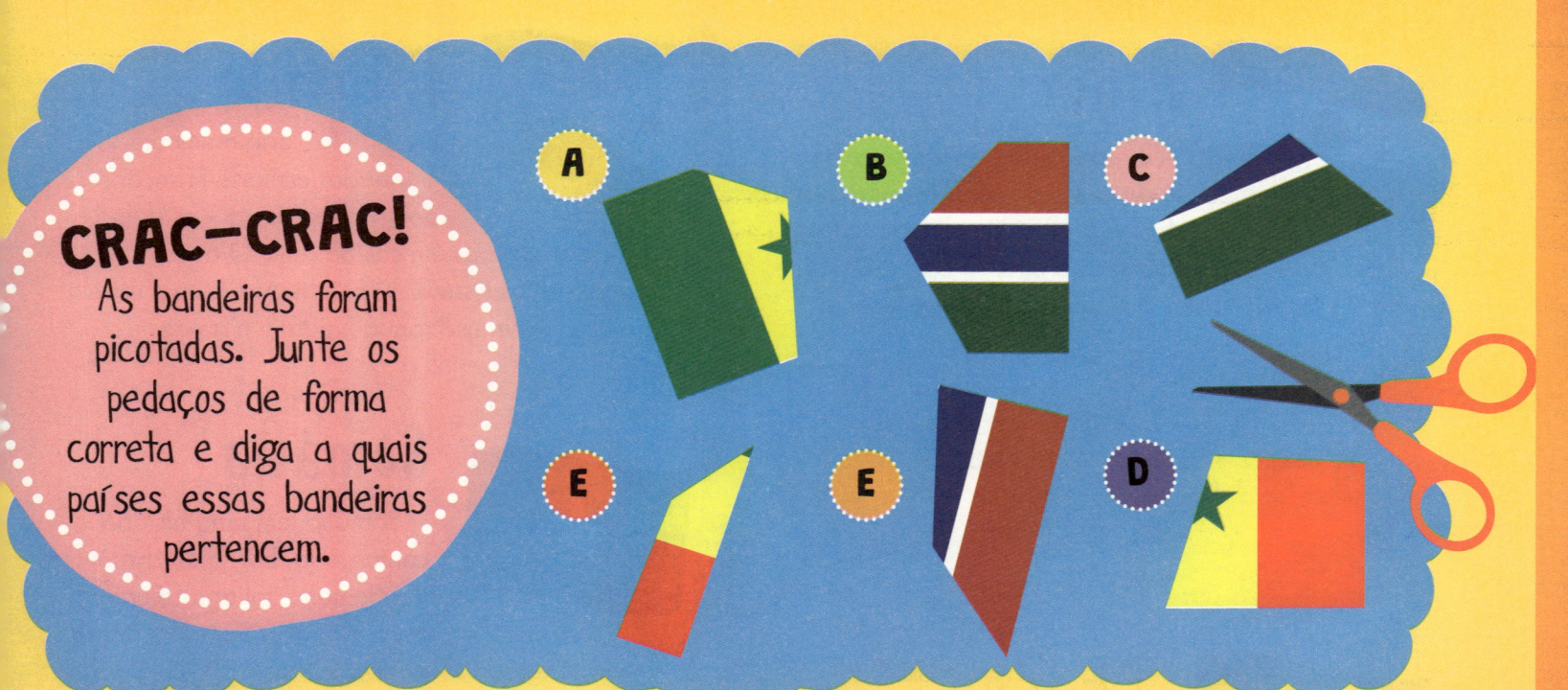

As bandeiras foram picotadas. Junte os pedaços de forma correta e diga a quais países essas bandeiras pertencem.

A B C
E E D

FALTA ALGO...

Falta uma parte importante de cada uma das bandeiras. Encontre cada parte que falta.

1. Cabo Verde
2. Mauritânia
3. Guiné-Bissau

A   B   C
D   E   F

61

Níger

A bandeira do Níger é semelhante à da Costa do Marfim porque elas foram projetadas ao mesmo tempo. Os dois países formaram uma aliança com o Chade e Benim e, mais tarde, alcançaram a independência.

> O amarelo da bandeira simboliza o calor das regiões do Saara, o verde representa a floresta, o branco refere-se ao Rio Níger e o círculo simboliza o sol.

Chade

Chade já foi uma província francesa e tornou-se independente, em 1960. Sua bandeira combina o tricolore francês com a combinação das cores pan-africanas.

> A bandeira do Chade é acidentalmente igual à da Romênia.

República Centro-Africana

A estrela no topo desta bandeira representa um brilho futuro. Foi projetada quando os líderes esperavam para unir muitos países em uma única federação francesa. Esta bandeira também combina as cores pan-africanas.

Djibouti

Djibouti foi, originalmente, chamado Território Francês dos Afares e Issas – os dois principais grupos étnicos do país. O azul representa os Issas; o verde, os Afares, e a estrela e o branco simbolizam a unidade e a paz.

Somália

A Somália tem uma história conturbada. Em 1960, britânicos e a Somália Italiana se uniram para formar a Somália. Por um tempo, o estado foi controlado pela ONU. O azul na bandeira é chamado de "azul da ONU".

> Popularmente acredita-se que a estrela representa as cinco ramificações do povo somali.

Etiópia

O emblema da Etiópia representa a unidade e a diversidade. As listras verdes, amarelas e vermelhas foram usadas pela primeira vez em uma bandeira em 1895.

Sudão do Sul

O Sudão do Sul é uma nação jovem que ganhou independência em 2011. O azul representa o rio Nilo e a estrela representa os estados do país.

Serra Leoa

Serra Leoa foi fundada em 1787 como um lar para escravos libertos. Em 1808, tornou-se uma colônia britânica e, depois, ganhou a independência em 1961.

> O azul representa a esperança e o porto da cidade de Freetown. O verde simboliza a agricultura e as montanhas. O branco simboliza a unidade e a justiça.

Libéria

A Libéria também foi estabelecida como uma terra de escravos libertos. Por ser povoada por escravos que viveram nos EUA, sua bandeira foi inspirada no design da norte-americana.

Costa do Marfim

Costa do Marfim compartilha sua história com o Níger. Os dois países alcançaram a independência juntos, em 1960. Suas bandeiras foram desenhadas ao mesmo tempo.

Burkina Faso

Burkina Faso usa a combinação de cores pan-africanas. O verde representa os recursos naturais, o vermelho simboliza a revolução, e a estrela amarela é o guia, a luz da revolução.

Togo

Durante a Primeira Guerra Mundial, a colônia alemã do Togo foi dividida entre a França e a Grã-Bretanha. A parte francesa tornou-se independente como Togo, em 1960. O território de dominação britânica passou a fazer parte de Gana.

Gana

Nações europeias colonizaram grande parte da África durante o século XIX. Gana tornou-se independente em 1957, a primeira das colônias britânicas a conquistar a façanha. A bandeira foi inspirada na Etiópia, uma nação independente mais antiga.

> A bandeira do Gana inspirou o uso do vermelho, amarelo, verde e preto em toda a África.

Complete a bandeira de Gana.

63

HORA DE PINTAR

Você consegue se lembrar do design dessas bandeiras e completar os desenhos?

A República Centro-Africana

B Sudão do Sul

C Djibouti

VAMOS ACELERAR!

Faça as contas e descubra qual país está na frente nessa corrida.

4+5+6+7=

5+3+7+2=

9+2+5+1=

7+2+9+1=

DUAS METADES

Cada bolha representa uma parte do desenho de quatro bandeiras importantes. Você consegue descobrir a qual país cada parte pertence?

A B C D

Pistas na página 63

BANDEIRAS AO VENTO

Relacione cada barco a uma bandeira e descubra a qual país cada embarcação pertence.

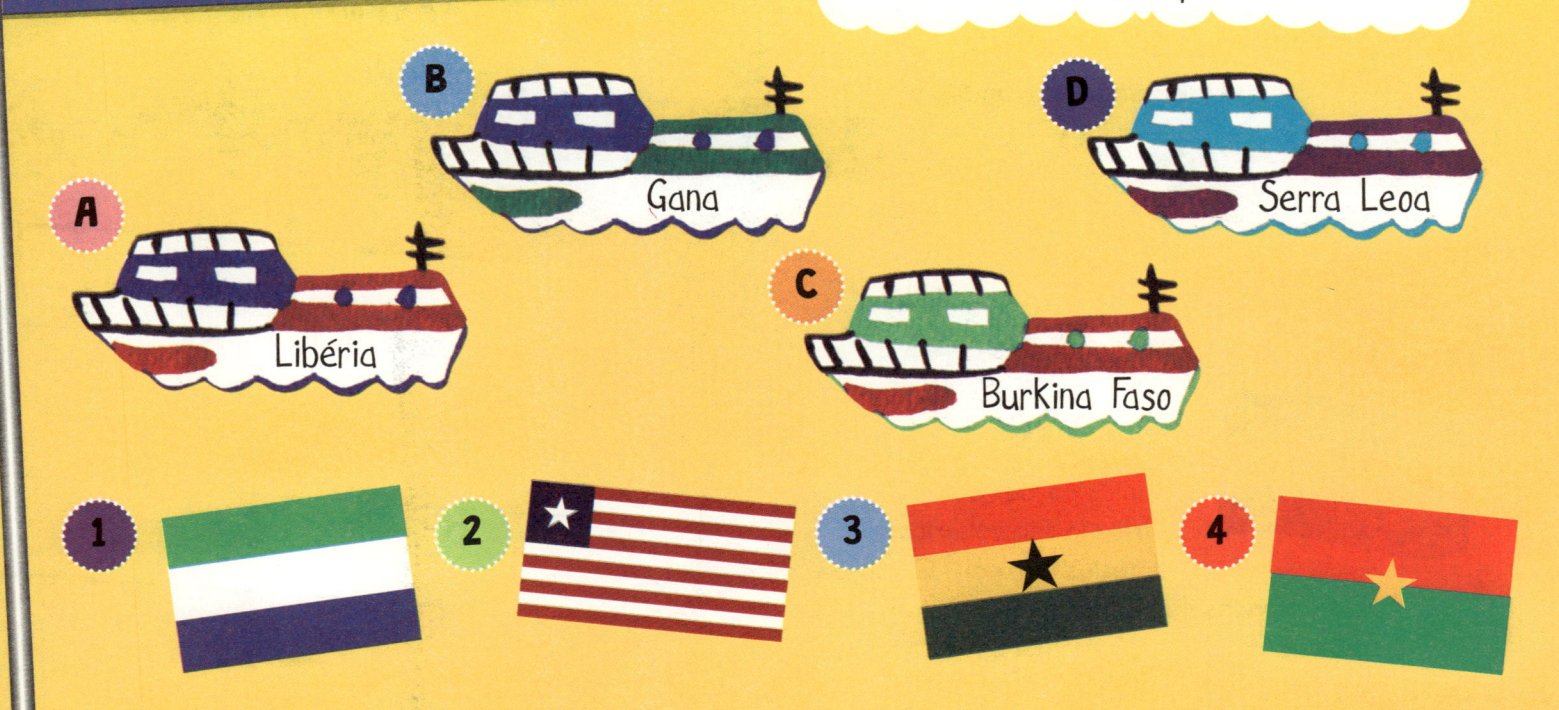

A – Libéria
B – Gana
C – Burkina Faso
D – Serra Leoa

1 2 3 4

65

Benim

Benim era conhecido como Daomé até 1975. Esta bandeira foi a primeira usada na independência, em 1960. Depois, foi alterada em 1975 e reintroduzida em 1990.

Nigéria

A Nigéria tornou-se a maior colônia da Grã-Bretanha da África Ocidental antes de conquistar sua independência, em 1960. Sua bandeira foi escolhida entre milhares enviadas em um concurso público.

Camarões

Camarões era uma colônia alemã. Após a Primeira Guerra Mundial, seu controle foi dividido entre França e Grã-Bretanha. Tornou-se independente em 1960 e adotou uma bandeira com três cores: verde, vermelho e amarelo.

A estrela amarela, no centro da faixa vermelha, foi adotada em 1960.

Gabão

Muitas nações do oeste africano são cobertas com florestas tropicais. O verde e as listras amarelas na bandeira representam sua riqueza natural. O azul simboliza o mar.

Guiné Equatorial

Esta ex-colônia espanhola conquistou a independência em 1968. É composta por cinco ilhas e um estado continental.

O brasão mostra uma árvore de seda e algodão e seis estrelas que representam os estados da ilha.

São Tomé e Príncipe

Essas duas ilhas tornaram-se independentes em 1975. As duas estrelas na faixa amarela central representam as ilhas e o triângulo vermelho representa a luta pela independência.

Pinte a bandeira de São Tomé e Príncipe.

Congo

A bandeira do Congo compartilha o verde, o amarelo e o vermelho com muitas outras nações africanas, mas, as faixas na diagonal são um design único. Congo foi uma colônia francesa até a independência, em 1960.

República Democrática do Congo

A bandeira da República Democrática do Congo mudou muitas vezes. Este design é usado desde 2006. Azul significa paz, vermelho representa o sacrifício passado e o amarelo simboliza a prosperidade.

A estrela representa a unidade e um futuro brilhante.

Angola

A bandeira de Angola usa uma meia roda dentada e facão para criar um símbolo semelhante ao martelo e à foice da velha bandeira soviética. A roda dentada representa a indústria e o facão simboliza a agricultura.

Ruanda

Ruanda tem um passado conturbado com lutas entre os grupos étnicos: os hútus e os tútsis. Em 2001, essa bandeira foi introduzida. Ela foi projetada para simbolizar unidade, paz e esperança para o futuro.

Uganda

O grou-coroado é um símbolo nacional de Uganda e aparece bem no meio da bandeira. As listras representam as pessoas, a luz do sol e a irmandade.

Complete a bandeira da Uganda.

Quênia

No meio da bandeira do Quênia há um escudo cruzado por duas lanças. Esse escudo representa a cultura dos Maasai, um grupo étnico que vive do trabalho com a terra no Quênia e na Tanzânia.

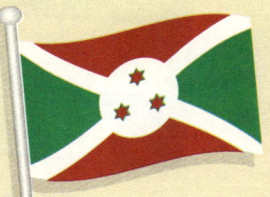

Burundi

Burundi tornou-se um reino independente em 1962 e uma república em 1966. As estrelas na bandeira representam os três grupos étnicos do países: hútus, tostsis e os twas.

67

O jogo começou! Ligue cada jogador à sua respectiva bandeira.

HORA DO JOGO!

A B C D

1 2 3 4

MISTUREBA

Falta uma parte de cada bandeira. Você consegue completá-las?

A — São Tomé e Príncipe

B — Nigéria

C — Gabão

D — Camarões

CORRIDINHA

Esses avestruzes estão correndo até o lago. Quem vai chegar primeiro?

CLIC! CLIC!

Alguns visitantes tiraram fotos de sua viagem, mas faltaram partes das bandeiras. A que países eles foram?

69

Tanzânia

Em 1964, a República da Zanzibar uniu-se à ex-colônia britânica de Tanganica para formar a Tanzânia. A bandeira usa elementos das bandeiras originais dos dois países.

> Verde e preto representam a terra e as pessoas. Azul e amarelo simbolizam, respectivamente, o mar e a riqueza.

Malauí

O sol nascente na bandeira do Malauí é chamado de "kwacha". Simboliza a esperança e um novo amanhecer para a África.

Complete a bandeira do Malauí.

Seicheles

Seicheles é uma ilha localizada no oceano Índico, próxima à África. Tornou-se independente em 1976. Esta bandeira é usada desde 1996. As listras representam partidos políticos, bem como um futuro brilhante.

Comores

As quatro listras e as estrelas da bandeira de Comores representam as quatro ilhas que compõem a nação. O crescente e o verde simbolizam o Islã.

Madagascar

O vermelho e o branco na bandeira de Madagascar remetem ao reino Merina, que governou a ilha entre 1810 e 1896. O verde significa o Hova, os trabalhadores agrícolas do país.

Maurício

Esta bandeira brilhante tem sido usada desde que Maurício se tornou independente, em 1968. Vermelho significa independência, azul para o oceano, amarelo para um futuro brilhante e verde para as florestas da ilha.

Moçambique

A bandeira de Moçambique tem sido usada desde 1983, quando o emblema foi alterado. A estrela está sobreposta a um livro, um rifle e uma enxada.

Zâmbia

A águia na bandeira da Zâmbia é chamada de "águia da liberdade". Diz-se que representa a capacidade das pessoas de superar os problemas.

Zimbábue

Antes do Zimbábue se tornar independente, era uma colônia britânica conhecida como Rodésia. O emblema é conhecido como a ave do Zimbábue e representa aves encontradas em uma cidade antiga.

Namíbia

A Namíbia tornou-se independente em 1990, tendo sido antes controlada pela África do Sul. A bandeira é inspirada nos partidos políticos do país. O sol radiante representa vida e energia.

Botsuana

O azul na bandeira do Botsuana representa a água ou a chuva, que também simbolizam a vida em um país que, muitas vezes, vivenciou a seca. O preto e a faixa branca representam a harmonia do seu povo.

Essuatíni

Essuatíni era conhecido como Suazilândia até 2018. O país passou a ser uma monarquia desde a sua independência da Grã-Bretanha, em 1968.

Lesoto

Essa bandeira foi usada, pela primeira vez, em 2006 para comemorar os 40 anos da independência do Lesoto. Na nova bandeira, um escudo foi substituído por um "mokorotlo" – um chapéu negro do partido basotho que é conhecido como símbolo de paz no país.

África do Sul

Apesar de ter sofrido muito com o regime de segregação racial, a África do Sul tornou-se uma república democrática multirracial em 1994. Esta bandeira representa o passado e o futuro do país.

Na bandeira, azul, vermelho e branco remetem às bandeiras europeias, enquanto preto, verde e amarelo simbolizam o Partido do Congresso Nacional Africano. A forma em Y simboliza a divisão passada, que se transformou em unidade.

Pinte a bandeira da África do Sul.

71

CORES MIL

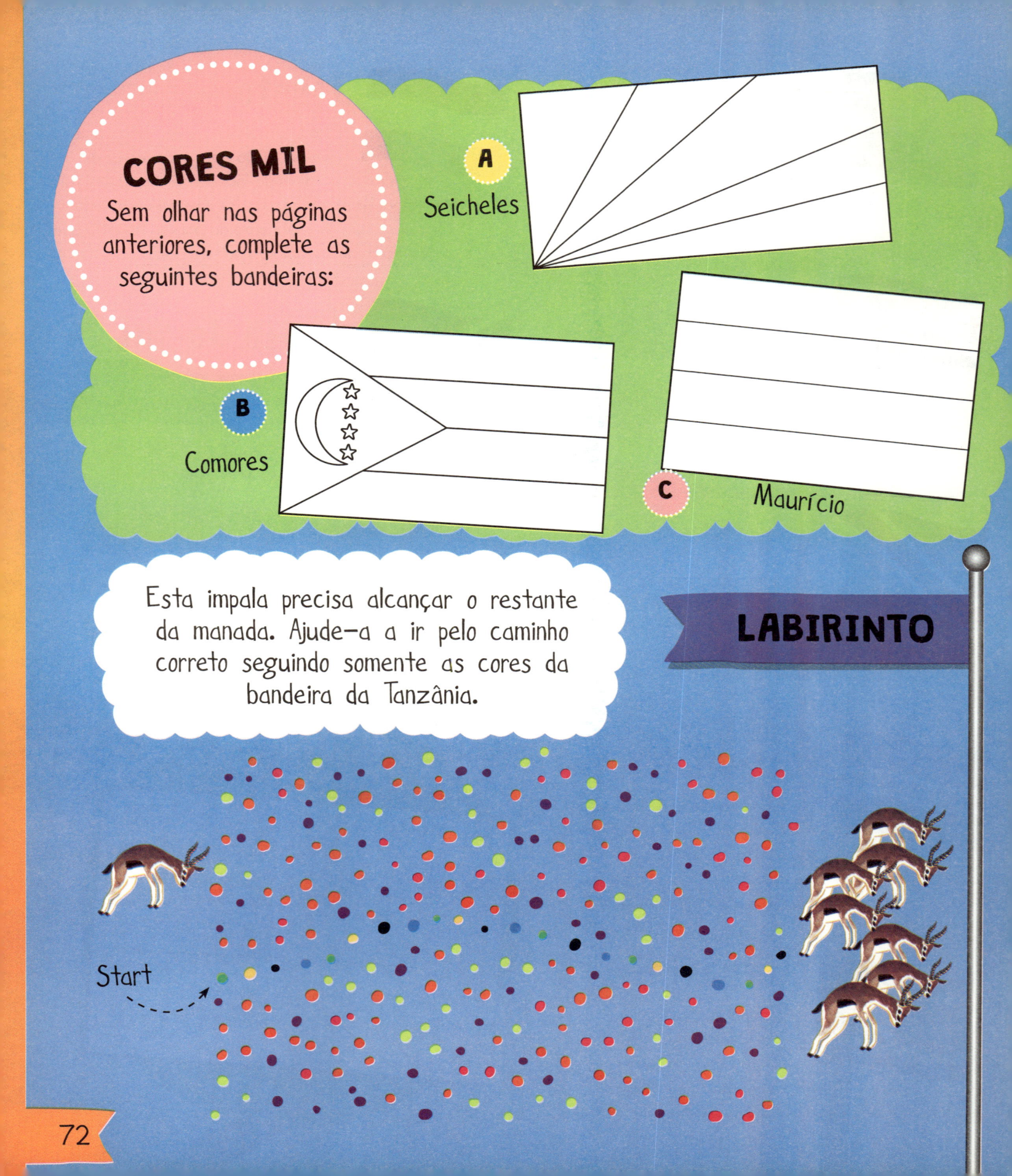

Sem olhar nas páginas anteriores, complete as seguintes bandeiras:

A Seicheles

B Comores

C Maurício

LABIRINTO

Esta impala precisa alcançar o restante da manada. Ajude-a a ir pelo caminho correto seguindo somente as cores da bandeira da Tanzânia.

Start

BANDEIRA MINHA

Qual animal carrega a bandeira correta da África do Sul?

A B C D

ELEMENTOS PERDIDOS

Ligue os elementos corretos às suas bandeiras.

1 2 3

A B C D E F

AMÉRICA DO SUL

Colômbia, Venezuela e Equador estavam sob domínio espanhol até 1819. Em 1822, eles formaram a Grã-Colômbia, que conquistou sua independência. Depois, cada território foi se separando e constituindo-se como um novo país independente.

Venezuela

A bandeira da Venezuela foi alterada muitas vezes. As estrelas representam as oito províncias que apoiaram o movimento pela independência do domínio espanhol.

Colômbia

A bandeira da Colômbia compartilha com a Venezuela e o Equador as cores amarelo, azul e vermelho. O amarelo representa a justiça, o azul simboliza a nobreza e o vermelho, a coragem.

Em suas várias versões, a bandeira da Venezuela ganhou uma oitava estrela e, às vezes, aparece com seu brasão no canto superior esquerdo.

Equador

A bandeira do Equador é semelhante à da Colômbia, mas com seu brasão bem no centro. Mostra o rio Guayas, um navio e um condor andino.

O Equador tem esse nome por conta da linha imaginária responsável pela divisão do globo em hemisférios Norte e Sul, que passa em seu território.

Pinte a bandeira da Venezuela.

74

Guiana

A bandeira da Guiana é conhecida como a "ponta da flecha dourada" que aponta para um futuro brilhante. O vermelho representa a energia do povo, o verde e o branco simbolizam as florestas e os rios, e o preto representa a resistência.

Complete a bandeira da Guiana.

Peru

O Peru era um império Inca antes de ser invadido e dominado pelos espanhóis. Eles governaram o país até a independência, em 1826. Vermelho e branco representam o império Inca.

O brasão do Peru, no centro da bandeira, mostra uma lhama, uma árvore cinchona e cornucópia, símbolo de abundância. Os louros simbolizam a paz.

Hora de colorir o brasão do Peru.

Suriname

Esta bandeira foi escolhida entre desenhos enviados pelo povo. A estrela é um símbolo de unidade e esperança. As faixas branca, verde e vermelha representam justiça e liberdade.

75

LISTRAS E MAIS

Quais são as versões mais atuais das bandeiras da Venezuela e da Colômbia?

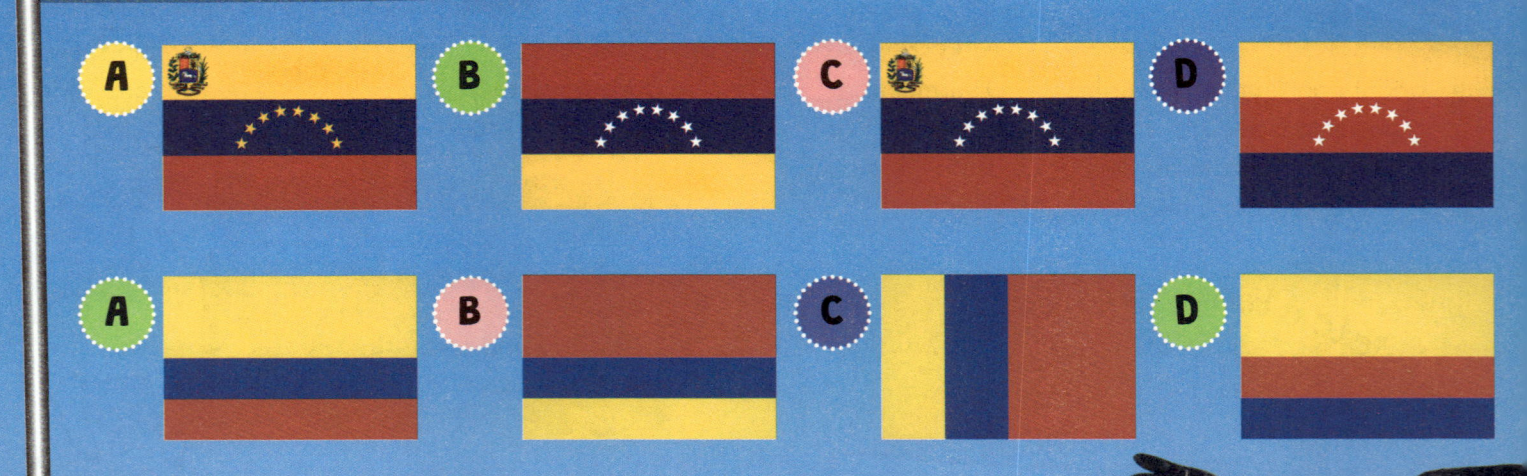

A B C D

A B C D

MÃO NA MASSA

Observe o brasão da bandeira do Equador. Que tal se inspirar e desenhar um brasão para seu time de esportes favorito?

LABIRINTO

A lhama tem que entrar e sair do labirinto levando todos os elementos do brasão peruano. Você pode ajudá-la?

PEDACINHOS

Hora de colocar os pedaços da bandeira da Guiana na ordem correta!

A   B   C   D   E   F

Brasil

O disco azul na bandeira do Brasil representa o céu como visto no dia em que se tornou um nação independente: 15 de novembro de 1889. As 27 estrelas representam os 26 estados e o Distrito Federal. O faixa branca tem o lema "Ordem e Progresso".

O verde da bandeira representa a vasta Floresta Amazônica e o amarelo, a riqueza mineral do país.

Pinte a bandeira do Brasil.

Paraguai

As listras vermelha, branca e azul da bandeira do Paraguai representam justiça, paz e liberdade. O Paraguai tem uma bandeira incomum: o reverso mostra um emblema diferente, com um leão no meio.

Complete a bandeira do Paraguai.

Bolívia

A Bolívia foi fundada sob o nome de República Bolívar, em homenagem a seu libertador, Simón Bolívar. Vermelho, amarelo e verde representam a coragem, a riqueza e as terras férteis.

O brasão boliviano tem muitos elementos, incluindo uma montanha, uma alpaca, uma folha de trigo e uma árvore de fruta-pão.

Chile

Exploradores espanhóis se estabeleceram na capital do Chile, Santiago, em 1541. Eles governaram o país até 1818, quando os chilenos lutaram pela independência. A bandeira tem a "estrela solitária" representando progresso.

O azul na bandeira do Chile representa o céu, o branco vem da Cordilheira dos Andes com sua neve em seus picos e o vermelho representa o sangue derramado na luta pela independência.

Complete a bandeira do Chile.

Argentina

A bandeira argentina foi projetada por um líder do movimento de independência. Ele escolheu o céu azul e branco usado por partidários da independência do domínio espanhol. Eles conquistaram a independência em 1816.

O sol na bandeira argentina é conhecido como o Sol de Maio e foi retirado de um símbolo da moeda argentina.

Uruguai

Originalmente uma colônia espanhola, passou ao domínio brasileiro e, posteriormente, ao domínio argentino. Tornou-se independente em 1830. O azul e o branco vêm da bandeira argentina, e as nove listras representam as nove regiões do país.

A bandeira do Uruguai também mostra o Sol de Maio. Diz a lenda que o sol se pôs através das nuvens no momento em que a independência foi declarada!

79

SOBE, SOBE!

Você já subiu o Corcovado e conheceu a estátua do Cristo Redentor? Para chegar lá, o caminho é seguir os vários pedaços da bandeira brasileira.

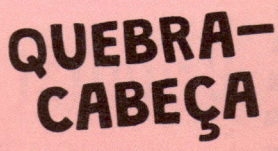

QUEBRA-CABEÇA

Complete a bandeira do Paraguai ligando as peças até seus lugares.

A   B   C   D   E

80

DESAFIO DE MACACO

Os macacos estavam brincando e rasgaram as bandeiras. Junte as partes e descubra qual país cada macaquinho representa.

A

B

C

ORDEM CERTA

Encontre a sequência abaixo no gride ao lado.

81

OCEANIA

Austrália

A bandeira britânica foi hasteada na Austrália até 1954 e ainda aparece na bandeira. A grande estrela de sete pontas representa os sete territórios do país.

As estrelas menores na bandeira australiana representam o Cruzeiro do Sul, uma constelação no hemisfério Sul.

Papua-Nova Guiné

A bandeira da Papua-Nova Guiné mostra uma ave do paraíso e o Cruzeiro do Sul. Vermelho e preto são usados nas artes indígenas do país.

Nova Zelândia

Exploradores britânicos chegaram à Nova Zelândia em 1769. As ilhas se tornaram colônia britânica no século XIX. A Bandeira da União também aparece aqui. As estrelas representam o Cruzeiro do Sul.

Complete a bandeira da Papua Nova Guiné.

82

Palau

Pequeno país formado por um conjunto de ilhas da Micronésia, no Oceano Pacífico. A bandeira de Palau foi adotada em 1981, quando o arquipélago se separou do Protetorado das Ilhas do Pacífico das Nações Unidas.

Azul representa a mudança da regra estrangeira para autogoverno em 1994.

Ilhas Marshall

As Ilhas Marshall são independentes desde 1979. Porém, o país desfruta de um Tratado de Livre Associação com os EUA, que são responsáveis pela segurança e pela defesa das Ilhas Marshall. Os dois raios representam as duas cadeias de ilhas que compõem a nação.

Muitas das nações insulares do oceano Pacífico foram controladas pelos EUA como o Território de Confiança das Ilhas do Pacífico desde 1947.

Micronésia

As quatro ilhas da Micronésia são representadas por estrelas na bandeira. A nação tornou-se independente em 1986. O azul representa o vasto oceano Pacífico.

Complete a bandeira da Micronésia.

Pinte a bandeira das Ilhas Marshall.

TOUR AUSTRALIANO

Encontre o caminho no labirinto e leve os meninos até a Ópera de Sydney.

NO PARAÍSO

Qual pássaro da Papua-Nova Guiné está diferente dos demais?

A B C
D E F

84

SEM BRISA

Não tem vento, por isso as bandeiras não estão se mexendo. Você consegue descobrir a qual país cada bandeira pertence?

A   B   C

HORA DE NADAR

Ajude os mergulhadores a voltarem para suas ilhas! De que país é cada mergulhador?

A
B
C
D

Nauru

A faixa amarela na bandeira de Nauru representa a linha do Equador passando pelo azul do oceano Pacífico. A posição da estrela na bandeira representa a posição de Nauru, um grau ao sul do Equador.

A estrela tem doze pontas que simbolizam as doze tribos que, originalmente, viviam na ilha.

Complete a bandeira de Nauru.

Fiji

O azul brilhante da bandeira de Fiji representa a importância do oceano Pacífico para a vida em uma ilha. A Bandeira da União representa a história da ilha como uma colônia britânica.

O brasão de Fiji mostra um leão segurando um coco, cana, coqueiros, uma pomba da paz e um cacho de bananas.

Vanuatu

O emblema da bandeira de Vanuatu é um dente de porco, que representa riqueza para os povos do arquipélago. As folhas sobrepostas representam a paz. O formato de um Y na horizontal representa o mapa do arquipélago.

Complete a bandeira de Vanuatu.

Ilhas Salomão

Centenas de ilhas agrupadas para formar a nação das Ilhas Salomão. As cinco estrelas representam os cinco grupos principais. Amarelo, azul e verde representam a luz do sol, o mar e a terra, respectivamente.

Tuvalu

Tuvalu já fez parte de um grupo de ilhas chamado Ilhas Gilbert e Ellice. Tornou-se independente em 1978. Sua bandeira é azul clara e a Bandeira da União aparece no canto superior esquerdo. A bandeira também possui 9 estrelas, representando cada uma das ilhas do arquipélago.

Kiribati

País composto por 33 ilhas, com atóis e recifes espalhados por uma vasta área no centro do oceano Pacífico, abrangendo da Micronésia até a Polinésia. É o único país do mundo com territórios nos quatro hemisférios da Terra, devido à sua localização. Kiribati tornou-se independente em 1979. O pássaro da bandeira é um pássaro fragata e representa a importância do mar.

Complete a bandeira de Tuvalu.

Tonga

Esta bandeira é usada desde 1862, por ordem do rei George Tupou I. Ele queria uma bandeira que simbolizasse a fé cristã. A constituição de 1875 diz que a bandeira nunca deve ser alterada.

Complete a bandeira de Tonga.

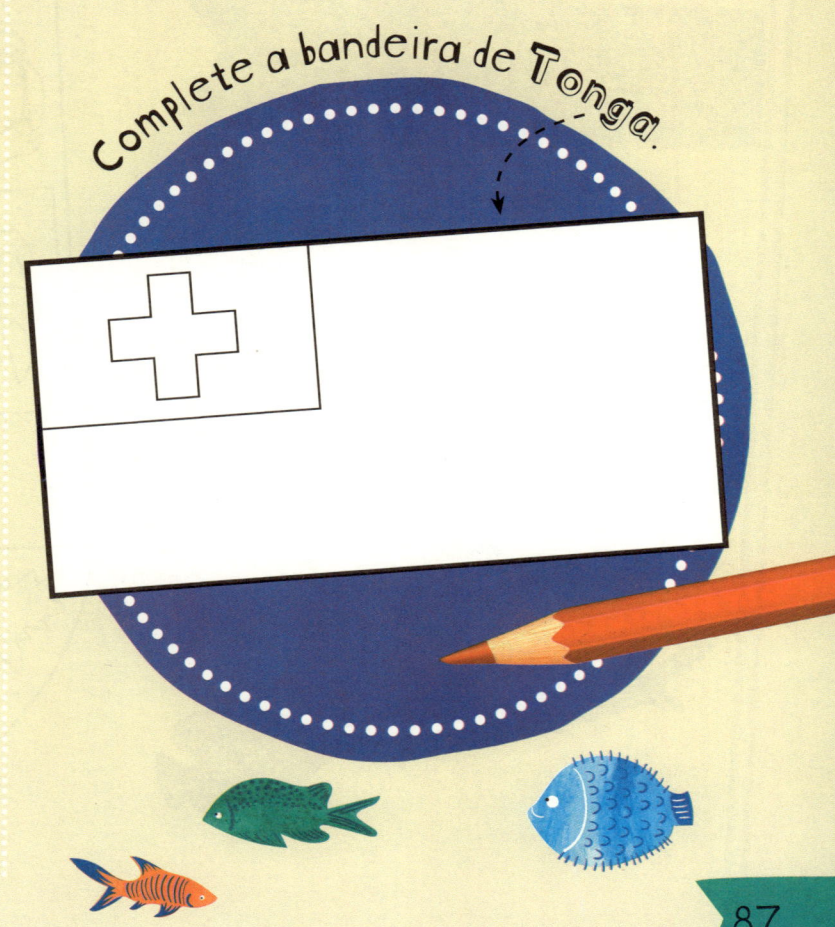

Samoa

Esta bandeira foi projetada em 1948, quando Samoa era um território da Nova Zelândia. Samoa tornou-se independente em 1962. Branco, azul e vermelho representam pureza, liberdade e coragem, respectivamente.

CREC-CREC!

Essas bandeiras foram cortadas em vários pedaços. Você consegue juntar as partes e recompor cada uma delas?

DE CABEÇA

Você consegue completar esse brasão sem olhar nas páginas anteriores?

VOANDO ALTO
Qual é a bandeira correta de Kiribati?

A
B
C
D

NOS SEUS LUGARES...

A
B

Ajude os barcos a passarem por entre as ilhas. Junte as letras que aparecem no meio do caminho e descubra a qual país cada um pertence.

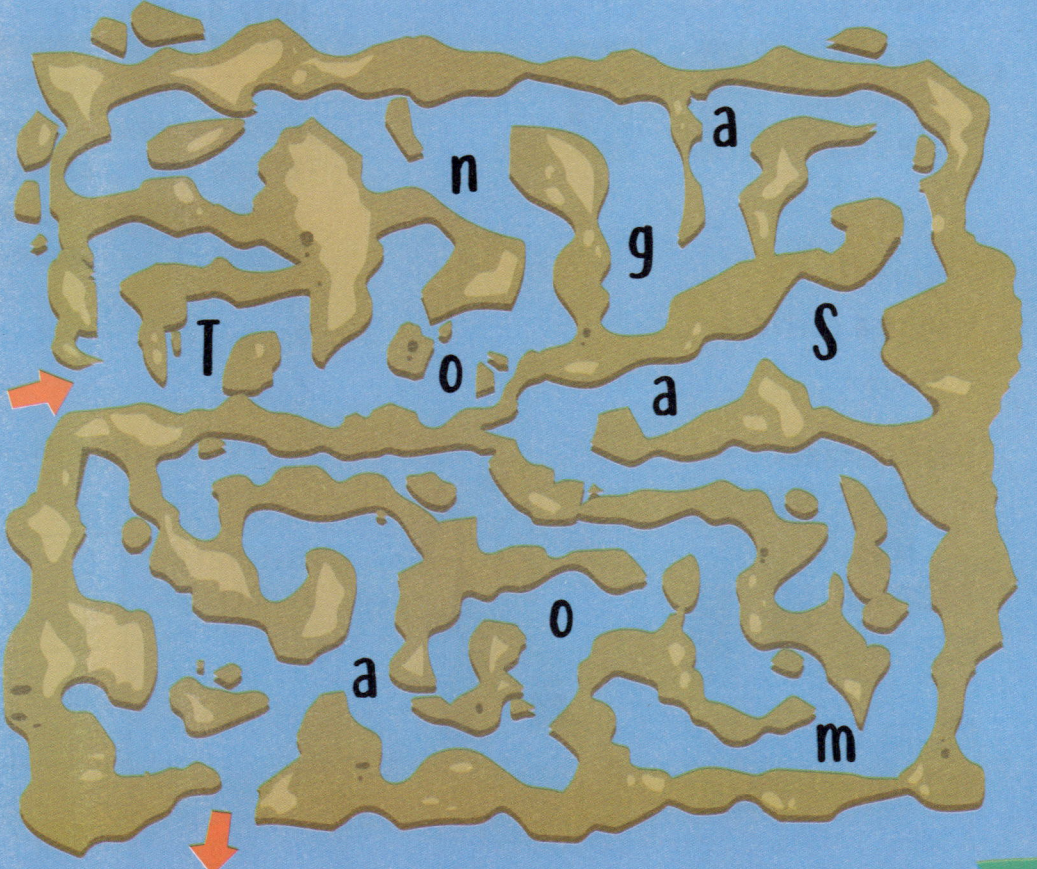

89

RESPOSTAS

Página 8
Letra a letra
A Suécia, B Finlândia, C Islândia, D Noruega, E Dinamarca.

Teste de memória

Página 9
Costura

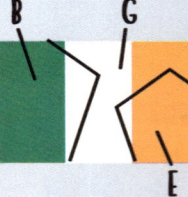

Página 12
Ganhe a corrida!
A Portugal.

Duas metades

Página 13
Bolha-problema
A Itália, B Malta, C Espanha, D Portugal.

Bate-pronto
1 Napoleão, 2 Medalha militar, 3 A cruz de George, 4 Para que, quando hasteada em um navio, a bandeira pudesse se destacar de longe, 5 San Marino.

Página 16
Tri

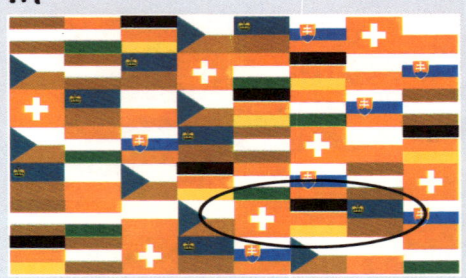

Teste da memória

Página 17
Colorir
1-C Hungria, 2-A Eslováquia, 3-B Polônia.

Triturando números

4	2	3	5	1	6
5	6	1	3	2	4
1	5	4	2	6	3
2	3	6	4	5	1
3	1	2	6	4	5
6	4	5	1	3	2

Página 20
Peças perdidas

Ver de pertinho!

Página 21
As duas partes

Qual?
A-3 Moldávia, B-1 Sérvia, C-2 Ucrânia.

Página 24
Quantas listras
Rússia 3, Letônia 2, Estônia 1, Lituânia 5, Bielorússia 4

Página 25
Encontre seu par
Grécia A-K, Albânia B-I, Chipre C-H, Macedônia D-F, Bulgária E-G. A Rússia é deixada sozinha

Qual é a certa?
C

Página 28
Nos trilhos

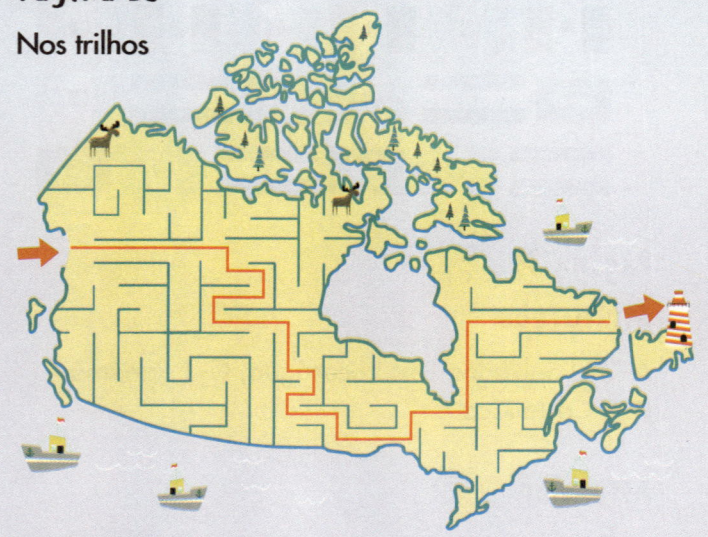

Jogo Justo
F

Página 29
Bi-Bii! Bi-Bii!

Senhora Liberdade
A estrela, B Pássaro, C 'O'.

Página 32
Ovo Asteca
D

Bandeirolas

Página 33
Mistureba
A–2 El Salvador, B–4 Nicarágua, C–1 Panamá, D–3 Costa Rica

Alto-Mar
A El Salvador, B Costa Rica, C Nicarágua, D Panamá

Página 36
Labirinto
B

Construindo memórias

Página 37
Trava-olho

Cola-cola

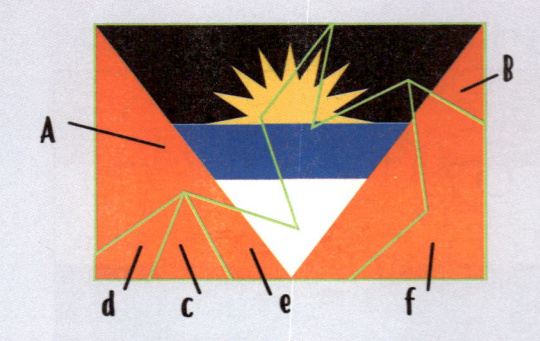

Página 40
Destino desconhecido
A Santa Lúcia, B São Vicente e Granadinas, C Dominica

Sudoku ensolarado

2	5	6	4	3	1
3	1	4	6	2	5
6	2	5	1	4	3
1	4	3	2	5	6
4	3	1	5	6	2
5	6	2	3	1	4

Página 41
Paleta de cores
A–3 Trinidad e Tobago, B–1 Barbados, C–2 Granada

O que falta?
A tridente, B estrela, C listras

Página 44
Qual?
A Turquia, B Azerbaijão, C Geórgia, D Israel

Olha a dica
A Azerbaijão, B Líbano, C Turquia, D Armênia

Página 45
Liga-liga
1 D, 2 C, 3 A, 4 B

Certo ou errado?
C

Página 48
Corrida de camelos
A

Conserto
1 B, 2 A, 3 E

Página 49
E agora?
Turcomenistão: C, B, A
Omã: C, B, A

PÁ, PUMBA!
1 Vermelho, branco, verde e preto
2 Paquistão
3 Desenhos de tapetes e ramos de oliveira
4 Montanhas
5 Bandeira do Irã

Página 52
Pronto para o jogo
A Índia, B Bangladesh, C Butão, D Sri Lanka, E Maldivas

Na montanha

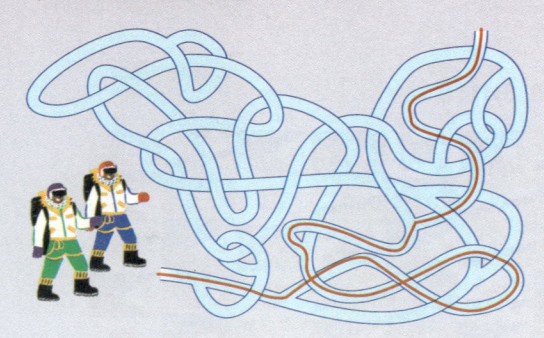

Página 53
Panda perdido

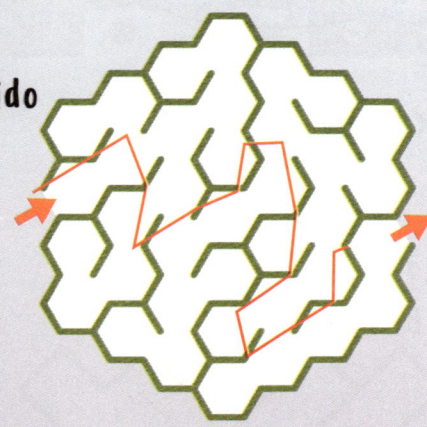

Qual?
Tailândia: A
Mongólia: B

Página 56
No templo

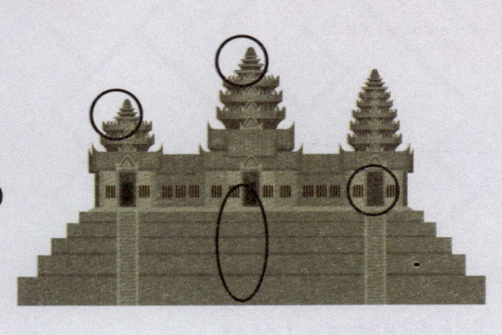

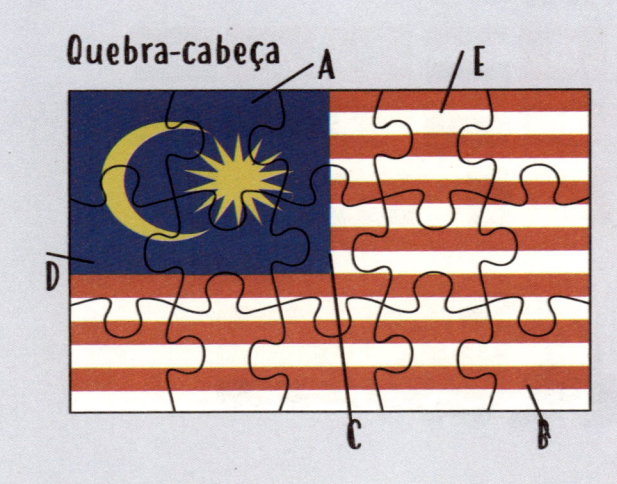

Quebra-cabeça

Página 57
Um após o outro

Escalada
B

Página 60
Labirinto

Por todos os lados

Página 61
Crac-crac!

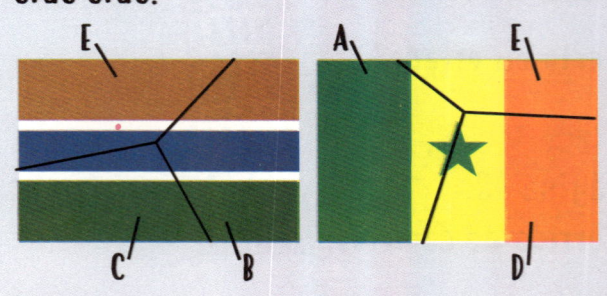

Falta algo...
1 D, 2 C, 3 F

Página 64
Hora de pintar

A República Centro-Africana, B Sudão do Sul, C Djibuti

Vamos acelerar!

Vencedor: Níger = 22
República Centro-Africana = 17, Djibuti = 17, Sudão do Sul = 19

Página 65
Duas metades

A Costa do Marfim, B Libéria, C Togo, D Serra Leoa

Bandeiras ao vento

A 2, B 3, C 4, D 1

Página 68
Hora do jogo!

A-3 Camarões, B-1 Nigéria, C-4 Guiné Equatorial, D-2 Gabão

Mistureba

Página 69
Corridinha
A

Clic! Clic!
A Uganda, B Ruanda, C Quênia, D República Democrática do Congo, E Congo, F Burundi

Página 72
Cores mil
A Seicheles, B Comores, C Maurício

Labirinto

Página 73
Bandeira minha
D Elefante

Elementos perdidos
1 C, 2 E, 3 A

Página 76
Listras e mais
Venezuela C
Colômbia A

Página 77
Labirinto

Pedacinhos
E C A D B F

Página 80
Sobe, sobe!

95

Quebra-cabeça

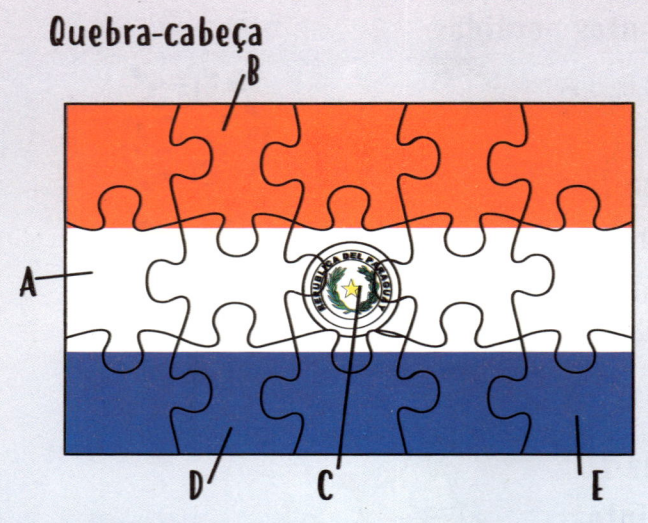

Página 81
Desafio de macaco
A Uruguai, B Argentina, C Chile

Ordem certa

Página 84
Tour australiano

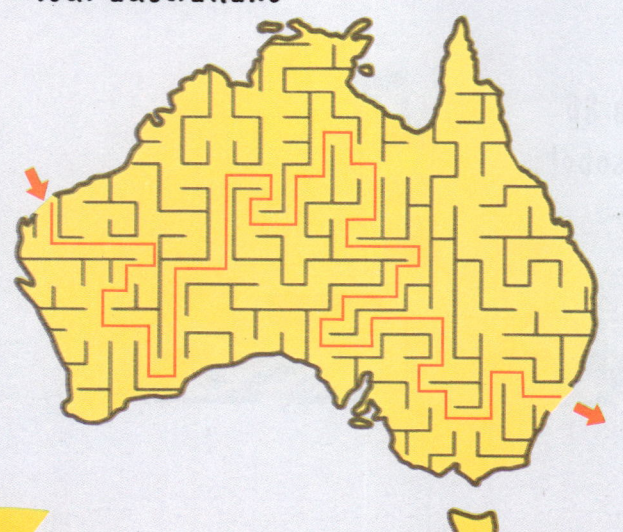

No paraíso
E

Página 85
Sem brisa
A Micronésia, B Ilhas Marshall, C Palau

Hora de nadar
A Ilhas Marshall, B Palau, C Micronésia, D Papua-Nova Guiné

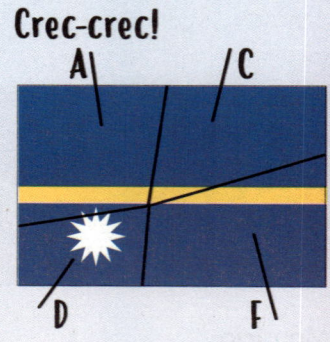

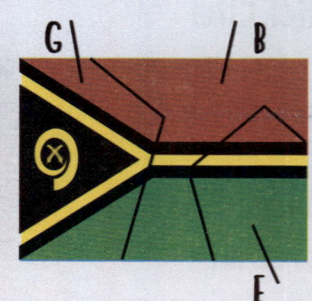

Página 88
Crec-crec!

De cabeça

Página 89
Voando alto
A

Nos seus lugares...
A Samoa, B Tonga